U0518231

农地确权、农地流转与新型农业经营主体培育研究

许恒周　著

中国财经出版传媒集团

经济科学出版社
Economic Science Press

图书在版编目（CIP）数据

农地确权、农地流转与新型农业经营主体培育研究 /
许恒周著 . —北京：经济科学出版社，2019.3
ISBN 978 - 7 - 5218 - 0292 - 4

Ⅰ.①农… Ⅱ.①许… Ⅲ.①农业用地 - 土地所有权 -
土地制度 - 研究 - 中国 ②农业用地 - 土地流转 - 研究 -
中国 ③农业经营 - 研究 - 中国 Ⅳ.①F321.1 ②F324

中国版本图书馆 CIP 数据核字（2019）第 034646 号

责任编辑：白留杰 刘殿和
责任校对：杨 海
责任印制：李 鹏

农地确权、农地流转与新型农业经营主体培育研究
许恒周 著
经济科学出版社出版、发行 新华书店经销
社址：北京市海淀区阜成路甲 28 号 邮编：100142
教材分社电话：010 - 88191354 发行部电话：010 - 88191522
网址：www. esp. com. cn
电子邮箱：bailiujie518@ 126. com
天猫网店：经济科学出版社旗舰店
网址：http：// jjkxcbs. tmall. com
北京密兴印刷有限公司印装
710 × 1000 16 开 10.75 印张 150000 字
2019 年 3 月第 1 版 2019 年 3 月第 1 次印刷
ISBN 978 - 7 - 5218 - 0292 - 4 定价：38.00 元
（图书出现印装问题，本社负责调换。电话：010 - 88191510）
（版权所有 侵权必究 打击盗版 举报热线：010 - 88191661
QQ：2242791300 营销中心电话：010 - 88191537
电子邮箱：dbts@ esp. com. cn）

前　言

　　"三农"问题的关键在农民，农民关注的核心在土地。土地权益的归属决定了农民的权益能否得到尊重和实现。我国已经进入农村土地"三权分置"局面，严格意义上是土地所有权、土地承包权和土地经营权的分置。在"三权分置"的土地产权结构中，农户拥有的土地承包经营权具有物权性质，从根本上确保了农户对土地的承包权和经营权。同时，"三权分置"为农村土地经营权的流转提供了制度许可，为土地的适度规模经营提供了制度保证，为农业的多样化经营提供了政策可能，适应了发展现代农业的现实要求，成为一项符合我国基本国情推动现代农业发展的重要基础性制度。农村土地确权颁证对于确认和维护农民的土地产权、完善"三权分置"的土地产权结构具有重要的现实实践意义。农地流转作为实现农业规模化经营的重要途径，是家庭联产承包责任制适应社会经济发展的时代选择，是实现农业规模化经营、转移农村剩余劳动力、增加农民收入、实现城乡统筹发展的必然要求。尽管中央政府明确提出鼓励农村土地流转，各级地方政府也相继颁布了一系列规范农地流转的文件、条例，但各地农地流转依然存在活力不足、规模不大、结构不协调等问题。在这种背景下，党的十七届三中全会通过《中共中央关于推进农村改革发展若干重大问题的决定》，指明了农村土地改革的方向，提出"产权明晰、用途管制、节约集约、严格管理"，首次明确提出要搞好农地确权登记工作，中央依法解决土地的权能属性问题。

2013 年，中央一号文件《中共中央、国务院关于加快发展现代农业进一步增强农村发展活动的若干意见》提出健全农村土地承包经营权登记制度，强化对农村耕地、林地等各类土地承包经营权的物权保护，用5 年时间基本完成农村土地承包经营权确权登记颁证工作，妥善解决农户承包地块面积不准、四至不清等问题。在全国正在全面进行农地确权的背景下，农地确权对土地流转带来什么样的影响？是积极的还是消极的？这些影响的内在机理是什么？如何应对？这些问题在学界一直有不同的意见。因此，研究农村土地承包经营权确权对土地流转的影响，对完善当前农地确权政策、促进农村土地流转、发展现代农业有重要的意义。

土地制度变革的核心问题就是农地经营主体的问题，也可以说是由谁来种地的问题。党的十八大和十八届三中全会提出，鼓励承包经营权在公开市场上流转，发展多种形式适度规模经营，培育新型农业生产经营主体，引导农村土地承包经营权有序流转，鼓励和支持承包土地向专业大户、家庭农场、农民合作社流转，发展多种形式的适度规模经营。土地流转背景下发展起来的新型农业经营主体更是成为各界广泛关注的热点问题。新型农业经营主体的发展和农村土地流转之间的关系是互为影响、密不可分的。城市化和农民就业结构转变推动了土地流转，土地的流转催生了不同类型的农业经营主体；新发展的农业经营主体又进一步引导和促进了农户进行土地流转。

因此，本书运用比较分析和实证分析方法，以农地确权的效果为主线，综合土地产权理论、经济行为理论、理性选择理论、产权制度变迁理论等，梳理农地确权、农地流转及新型农业经营主体的演变历程，通过实地问卷调查获取相关数据，对典型地区农地流转过程中土地确权现状进行分析，并对典型地区农地确权对农地流转的意愿及农地流转率的影响进行研究。在此基础上，运用调查数据实证分析农地确权对农地流转行为决策的影响，并进一步从农户生计多样化的视角出发，研究农地确权政策的实施效果。最后，探讨农地确权、农地流转对于新型农业经营主体发展的具体影响。

通过上述研究，得出如下主要结论：

1. 目前农村的矛盾较为突出，绝大多数被调查者对现行土地流转制度不太满意，主要表现为：第一，大部分农民认为土地流转价格不尽如人意，征地补偿费到位不及时，且难以维持长久的生活需要。目前我国绝大部分地区执行的是农村土地按照农业用途的平均产值进行补偿，农民获得的补偿也就是一亩地 2 万～3 万元，仅与全国农户六七年的人均纯收入水平相当。而农村土地一旦流转改变用途成为建设用地以后，其转让价格就会飞涨。农村土地流转时按照年平均产值确定补偿价格，而到二级土地市场出让时却按照市场价格、土地用途确定，这种价格体系显失公平，严重侵害了农民的权益。第二，农民缺乏参与权与知情权。受限于文化程度，大多数农民对关于土地的法律法规缺乏了解，在正当权益受到侵害时寄希望于上级部门的协调，而且目前农村中的土地流转方式多为农户间自发流转，他们对政策不够了解，对市场行情不能充分把握，很多流转都未签订流转合同只是口头协议，这些都为土地承包纠纷埋下了隐患。第三，产权不稳定，农地产权主体缺位。不管是我国目前实行的宪法，还是根据宪法原则精神颁布的土地管理法，都缺乏对公共利益的明确界定，表述过于笼统，对其内涵和外延都缺乏阐释，导致土地流转中政府行政行为缺乏约束，寻租等腐败现象严重，政府公信力大大降低。

2. 土地确权对农地流转的正向促进作用主要表现在土地承包权和经营权的明晰。具体来看，农户土地承包合同或证书的拥有程度，农地经营权抵押转让权利的偏好情况都对农地流转呈正向显著作用。拥有土地使用证书，对土地抵押转让权利更加偏好的农户往往对土地流转的意愿更强，完善的产权保护机制对农地流转起到正向推动作用。即以完善土地承包经营权为主导的土地确权政策确实对农地流转起到了积极的促进作用。同时，通过多元线性回归分析，着重研究农地确权、产权认知等变量对土地流转率的具体影响程度。研究结果显示，在农地确权及产权认知方面，土地流转形式、农户拥有土地承包合同情况均与土地流转率显著相关，土地流转形式更为合法规范、拥有正规土地承包合同的农户往往其土地流转率显著升高；在农户个人特征变量方面，农户兼业程度、户主年龄对土地流转率呈显著正相关，越偏向于非农就业方向、年龄稍大的农户往往由于个人就业、身体状况、家庭等原因，其土地流转率偏高。

3. 农地确权政策确实对农户农地流转决策行为的发生起到了积极的促进作用，而且农民对于细化的土地产权结构还有更深层次的需求。首先，农地确权政策了解程度与农户农地流转概率成正相关。其次，从不同类型农户来看，较强的土地产权交易能力认知对于以农业为主的农户而言，可以在当前提倡农业适度规模、培育新型农业经营主体的背景下，具有较强的转入农地的内在激励，农地流转的概率较高，对于以非农为主的农户而言，如果在产权交易安全的情况下，他们会通过转出土地，获取租金，使土地的资产价值显现，农地流转概率也较高。此外，是否拥有土地承包经营权证和合同对农户的农地流转意愿具有显著的正向作用。这说明农户还是比较认可有法律保障的农地产权安全性，而不是单单靠传统的非正式制度来约束。其他控制变量中，年龄、文化程度、外出务工经历、非农收入比重、是否购买社会保险、所在村庄距离县城远近都对农户农地流转行为决策起到了正向显著影响。

4. 从整体情况看，农户对农地确权政策实施效果的总体评价并不理想。第一，农户评价农地确权政策实施效果的影响主要来自年龄、文化程度、外出务工经历、农业收入所占比重、土地经营规模、村庄类型、农地确权政策了解程度、土地产权处置能力认知、土地产权交易能力认知及解决实际困难的作用。第二，不同生计类型农户对农地确权政策实施效果评价的影响因素存在差异：对于纯农户而言，其显著的影响因素包括年龄、文化程度、是否为村干部、外出务工经历、农业收入所占比重、土地经营规模、村庄类型、土地产权排他能力认知、土地产权交易能力认知及解决实际困难的作用；影响一兼型农户评价的主要因素来自年龄、文化程度、是否为村干部、外出务工经历、农业收入所占比重、土地经营规模、土地产权排他能力认知、土地产权交易能力认知；对于二兼型农户而言，其显著的影响因素包括文化程度、外出务工经历、农地确权政策了解程度、土地产权处置能力认知、土地产权交易能力认知；对于非农型农户而言，其显著的影响因素包括文化程度、外出务工经历、家庭年均收入、农地确权政策了解程度、土地产权处置能力认知、土地产权交易能力认知及解决实际困难的作用。总体来看，影响纯农户与一兼型农户的因素具有较大相似性，而影响二兼型农户与非农型农户的因素也具有较大相似性，这可能与农户的生计类型有关。

5. 农地确权对于新型农业经营主体是否转入农地的决策意愿具有显著正向影响，但对于新型农业经营主体转入面积的影响并不显著；此外，年龄、受教育年限、农业生产经营人数、农地流转租金、村级流转管制及村庄距离县城远近等是影响新型农业经营主体是否转入农地的重要因素，而受教育年限、农地流转的合约形式、村级流转管制及村庄距离县城远近则是影响新型农业经营主体转入农地面积的重要影响因素。

许恒周

2019 年 1 月

目　　录

第1章 绪 论

1.1 研究背景及问题提出

改革开放后，我国长期实行的家庭联产承包责任制取得了举世瞩目的政策效果，但同时也造成土地的细碎化和经营规模的狭小化等问题；不仅如此，城市化的推进使得部分地区农业生产副业化，耕地抛荒和闲置现象较为严重。农业发展的这一趋势不利于中国农业现代化的可持续发展，亟须通过土地流转和集中，实现农业规模化经营和培育新型农业经营主体。对此，我国在家庭承包责任制改革的基础上也实施了一系列配套政策，农村土地确权政策即为其重要内容之一。根据农地确权政策的发展历程大致可以划分为三个阶段：第一阶段是 1978~1996 年，这一时期的确权工作落实不到位，政策执行效果较差。第二阶段是 1997~2006 年，这一阶段主要重视农村土地承包经营权颁证工作以及颁发土地承包合同。第三阶段，2007 年至今，我国农地确权的工作要求转变为建立现代农村产权制度体系，以促进农村土地制度改革。在前期农村土地确权试点工作的基础上，2011 年，四部委下发《关于农村集体土地确权登记发证的若干意见》，决定全面启动农村土地确权登记颁证工作。2013 年中央一号文件提出，用 5 年时间基本完成农村土地承包经营权确权登记颁证工作，妥善解决农户承包地块面积不准、四至不清等问题。

由此，新一轮农村土地确权在中央部署下有计划、有步骤地推进，相关确权的政策越来越具体化、明确化。相比前两轮的农地确权，新一轮土地确权不仅更加明确农户承包地的土地面积和空间四至，而且将更多具有物权属性的财产权能以法律形式赋予农民的土地。

"三农"问题的关键在农民，农民关注的核心在土地。土地权益的归属决定了农民的权益能否得到尊重和实现。我国已经进入农村土地"三权分置"局面，严格意义上是土地所有权、土地承包权和土地经营权的分置。在"三权分置"的土地产权结构中，农户拥有的土地承包经营权具有物权性质，从根本上确保了农户对土地的承包权和经营权。同时，"三权分置"为农村土地经营权的流转提供了制度许可，为土地的适度规模经营提供了制度保证，为农业的多样化经营提供了政策可能，适应了发展现代农业的现实要求，成为一项符合我国基本国情推动现代农业发展的重要基础性制度。农村土地确权颁证对于确认和维护农民的土地产权、完善"三权分置"的土地产权结构具有重要的现实实践意义。农地流转作为实现农业规模化经营的重要途径，是家庭联产承包责任制适应社会经济发展的时代选择，是实现农业规模化经营、转移农村剩余劳动力、增加农民收入、实现城乡统筹发展的必然要求。尽管中央政府明确提出鼓励农村土地流转，各级地方政府也相继颁布了一系列规范农地流转的文件、条例，但各地农地流转依然存在活力不足、规模不大、结构不协调等问题。在这种背景下，党的十七届三中全会通过《关于推进农村改革发展若干重大问题的决定》指明了农村土地改革的方向，提出"产权明晰、用途管制、节约集约、严格管理"，首次明确提出要搞好农地确权登记工作，中央依法解决土地的权能属性问题。

在全国全面进行农地确权的背景下，农地确权对土地流转带来什么样的影响？是积极的还是消极的？这些影响的内在机理是什么？如何应对？这些问题在学界一直有不同的意见。因此，研究农村土地承包经营权确权对土地流转的影响，对完善当前农地确权政策、促进农村土地流转、发展现代农业具有重要的意义。

　　土地制度变革的核心问题就是农地经营主体的问题，也可以说是由谁来种地的问题。党的十八大和十八届三中全会提出，鼓励承包经营权在公开市场上流转，发展多种形式适度规模经营，培育新型农业生产经营主体，引导农村土地承包经营权有序流转，鼓励和支持承包土地向专业大户、家庭农场、农民合作社流转，发展多种形式的适度规模经营。土地流转背景下发展起来的新型农业经营主体更是成为各界广泛关注的热点问题。现阶段，分散细碎化的农业经营规模难以满足中国农业现代化的发展要求，而农地流转对于培育农业新型经营主体、实现农业规模经营以及推进农业现代化进程发挥着重要作用。产权理论认为，集体农地产权界定模糊及其引发的交易费用是导致农地流转不畅的主要成因，而地权边界明晰则可以降低交易费用并促进农地交易。新型农业经营主体的发展和农村土地流转之间的关系是互为影响、密不可分的。城市化和农民就业结构转变推动了土地流转，土地的流转催生了不同类型的农业经营主体；新发展的农业经营主体又进一步引导和促进农户进行土地流转。

　　新一轮农地确权登记颁证作为一项在全国范围内推进且成本耗费较大的改革政策，对我国农地流转会产生何种实际效果？由于确权改革实施期限较短，数据又不易得到，当前文献并未对这一问题形成统一的认识，而且在农地确权和农地流转的基础上，培育新型农业经营主体的实际效果如何也没有文献进行量化评价。鉴于此，在对既有研究进行概括总结的基础上，本书确立"确权、农地流转与新型经营主体培育"问题分析的理论视角和框架，进而采用有针对性的调查数据和相应的计量模型来实证分析，由此评估新一轮农地确权对土地流转及新型经营主体培育的实际影响。

1.2　国内外研究综述

1.2.1　国内外农地确权相关研究

自从 2013 年中央一号文件明确农地确权以来，我国学者开始对农地确权进行了深入研究，从不同的学科和视角对该政策进行了定性及定量分析。

袁达松等（2013）认为，农村土地承包经营权颁证的关键是科学赋权、确认物权、落实效力、降低交易成本。何虹等（2013）认为，要达到短期缓冲农业生产发展的融资压力，长期推动农业现代化生产的效果，可以通过土地承包经营权确权颁证来加快土地流转等方式实现。曾皓等（2015）认为，农地确权颁证是在法律上使农民从"债务性权利"转变至"物权性权利"，赋予农民承包地物权，提高农民扩展土地生产经营效益的能力，防止农地撂荒，纠正并缓和农业生产经营性活动中的外部不经济性，从而促进土地利用效率的提高。李鑫（2018）认为，在市场经济条件下，做好农村土地确权工作，建立全国统一的土地确权登记制度，就是以土地确权法律制度的构建为视角，通过建构土地确权制度的法律原则，建立土地确权法律制度体系，建立规范化的土地确权程序制度，建立多元化的土地确权争议解决制度，建立土地确权相关配套制度等，破解农村土地确权法律困境和制度困境，规范土地确权程序，在土地确权实践中明确权力与权利、权利与权利边界，构建完善的土地确权制度，稳固土地改革成果。同时，根据《不动产登记暂行条例实施细则》，推进农村土地确权与不动产登记制度衔接，推进土地供给侧结构性改革。杨宏力（2017）对农村土地确权的研究发展进行了系统梳理。结果表明：对土地确权"稳定所有权、明晰承包权、放活经营权"内涵的认识有待深化；对于确权的政策效应理论研究和实证分析结果差异较大；对于确权中主体缺位、确权效应差等矛盾揭示较为一致；确权模式选择主要有"确权确地"和"确权确股不确地"两种看法；确权方案选择分化为现状确权、重新确权和微调确权三种观点。在土地确权的成本—收益分析、确权效果推演与政策评价、确权模式的区域适配性和农户群体适配性研究等方面仍有待深入研究。

也有学者从产权的角度对农地确权进行研究。钱龙、洪名勇（2015）从中央政府能力和目标导向、制度绩效视角对"有意的制度模糊"进行分析，并结合当前土地确权背景对土地确权路径进行探讨。主要观点有：（1）农地产权制度并非只取决于中央政府意愿，也与农民推动密切相关；中央政府目标在于地权明晰化而非模糊化。（2）从制度绩效来看，模糊地权充满效率的观点并不正确，模糊的地权已成为社会冲突的主要原因之一。（3）通过所有权确权来解决地权模糊面临诸多困难，中央政府试图通过"稳定所有权，明晰承包权"的确权路径来化解模糊性，这是一次重大的理论创新与实践探索。马超峰，薛美琴（2014）认为，由于地区差距、产业差别以及社区差异，使得公共领域的结构差异较大，且存在差序格局。而公共领域的存在正是公共利益构建的基础，也是个人理性与村社理性之间的桥梁。确权颁证的重点并不是对于产权公共领域的分解，而是在公共领域之上构建合作视角的产权合约。从近郊与远郊两个不同的确权颁证区域，可以得出农户对于产权的诉求的偏重存在较大差异，而产权公共领域的治理也存在较大的不同。但是，确权颁证的关键依然在于对产权公共领域的合理利用。

更多的学者还是关注农地确权对农地流转、农业投资、劳动力转移等方面的具体影响。程令国等（2016）为了探讨确权对农地流转的影响，建立了一个理论模型，并在此框架下使用中国健康与养老追踪调查2011～2012年的农户数据进行了实证检验。结果发现，在其他条件相同的情况下，农地确权使得农户参与土地流转的可能性显著上升约 4.9%，平均土地流转量上升约 0.37 亩（将近 1 倍），土地租金率则大幅上升约 43.3%。因此，农地确权不仅降低了交易成本，促进了土地流转；同时也增强了农地的产权强度，从而提高了土地资源的内在价值。李静（2018）利用中国健康与养老追踪调查的大样本数据，系统评估了农地确权政策的实施对农村土地流转的影响。研究结果显示：整体而言，农地确权政策能对农地流转产生显著的正向影响，但是村庄农业资源禀赋并不完全是农地流转实践可行的依赖条件，农地确权政策作用效果还受限于农村产业比例构成；对于农业产值比重较大的村庄，实施确权政策的作用效果不明显。黄佩红等（2018）基于中国健康与养老追踪调查 2011 年和 2015 年的数据及各省、市农业部门确权进度信息，采用倾向得分匹配法，研究确权对农地流转的影响。结果表明：确权使农地转出可能性降低 7.3%，户均转出面积减少 0.66 亩，转出租金每亩提高 44.9 元/年；使农地转入可能性提高 1%，但对转入面积和租金率无显著影响。建立高效农地流转市场，仅通过确权并不够，还需加快职业农民培育与农业现代化，坚持市场构建、主体培育和行业优化三管齐下。林文声等（2017）也基于 2011 年和 2013 年中国健康与养老追踪调查（CHARLS）的全国追踪数据，采用中介效应模型对农地确权影响农户农地流转及其作用机制进行了实证分析。研究结果表明：（1）农地确权在整体上并不影响农户农地转出，但会抑制农地转入。（2）对于发生过农地调整、有公交车到达以及农业机械化程度较低的村庄，农地确权更能促进农户农地流转。（3）农地确权通过农业生产激励和交易费用机制抑制农户农地转出，并通过交易价格机制对其产生促进作用。（4）农地确权通过农业生产激励促进农地转入，并通过交易费用机制对其产生抑制作用。胡新艳和罗必良（2016）利用广东、江西两省农户的调查问卷数据，采用倾向得分匹配法，分析确权对农户农地转出行为及意愿的影响。研究表明：从农户转出的实际行为来说，确权尚未产生显著性影响；就农户的选择意愿而言，确权会显著促进其流转意愿，确权对农户提高流转租金、采用正式合约具有显著性正向影响，确权会诱导农户合约短期化、对象选择非身份化的意愿取向。总体来看，确权会促进农户农地流转行为从关系情感转向理性计算，从非市场化转向市场化。许庆等（2017）利用2011年中国健康与养老追踪调查数据从劳动力流动的角度考察了农地确权对农地流转的影响，研究结果表明，在其他条件不变的情况下，农地确权不仅使农户的农地转出概率显著提高，明显增加流转面积，而且有助于保障农户的权益，激励劳动力外出就业，进而推动了农地流转。

林文声等（2018）根据2014年和2016年中国劳动力动态调查（CLDS）的混合截面数据，采用中介效应模型实证分析了农地确权对农户农业生产效率的影响及其作用机制。研究结果表明：（1）农地确权在总体上提高了农户农业生产效率。（2）对于没有发生农地调整、农业机械化条件较好的村庄，农地确权能够提高农户农业生产效率；相反，对于拥有较多非农就业机会的农户，农地确权对其农业生产效率并不产生影响。（3）农地确权一方面通过促进农户加大农业短期投入、增加旱地转入和提高家庭务农人数占比提升其农业生产效率，另一方面通过抑制农户水田或水浇地转入导致其农业生产效率损失。李哲和李梦娜（2018）基于中国健康与养老追踪调查的2011年和2013年数据，实证分析了农地确权对农户家庭总收入及收入结构的影响。研究结果表明：农地确权能直接增加农户家庭的总收入和财产性收入，但并未对农业生产收入产生直接促进作用；农地确权通过产权经济激励促进农户家庭的农业生产收入，并通过土地交易价格对财产性收入起促进作用；农地转入和农地转出均能提高农户家庭的总收入，但农地确权仅通过农地转出实现总收入的增加。

此外，还有学者从其他角度对农地确权进行了分析。仇童伟（2017）在建构土地产权经历、产权历史情景与土地产权安全感知逻辑关联性的基础上，利用江苏省和江西省的 1410 户农户调查数据，分析了在不同土地产权历史情景中，土地确权对农民土地产权安全感知的影响。理论分析表明，土地确权的作用受产权历史情景和农民产权经历的影响，表现出情景依赖和经验依赖特征。在土地调整感知和失地风险感知表征土地产权安全感知的基础上，模型估计结果表明：第一，在土地调整较少而征地较多的产权情景中，土地确权抑制了经历过土地调整农民的产权安全感知，但对与征地相关的感知影响不显著。第二，在土地调整较多而征地较少的产权情景中，土地确权抑制了未经历过土地调整农民的产权安全感知，并提高了持有土地法律文书的农民的产权安全感知。赖迪辉（2018）以山东省为例，探讨土地确权政策对区域经济增长质量的影响机理。在此基础上，构建固定效应模型，实证分析土地确权政策通过规模经济这条路径对区域经济增长质量的影响，研究表明土地确权政策通过规模经济路径引发了全要素生产率水平的波动，进而使区域经济增长质量水平发生同比例的变化，为使土地确权政策与区域经济增长质量可持续、"质与速"双升，提出政策建议。冯晓晓等（2018）基于上海市崇明区绿华镇 6 个村 565 位农户的调查，选用有序 Logistic 模型，实证分析了影响农户土地确权满意度的主要因素。研究发现：农户对本次土地确权一村一方案和镇干部村干部工作的整体满意度较高，年龄、学历、家庭成员政治面貌、耕地数量、对土地确权的了解程度、农户支持态度、确权面积变化以及确权纠纷解决情况、行政村等变量显著影响农户对土地确权一村一方案的满意度；进而提出加强确权方案宣传、构建工作机制、明确认定标准、化解认定风险等有助于提高农户满意度的对策建议。

由于世界上发达国家的农地产权制度基本建立于土地私人所有制基础之上，农地产权制度功能相对比较完善，所采取的产权保护措施也以市场机制形成的经济手段为主。从目前研究成果来看，国外文献所研究的范围主要集中在发展中国家。其研究内容主要包括以下两个方面：第

一，农地产权制度创新的动力及机制研究。在此方面，以 Coase
(1960)、Demsetz (1964, 1967) 和 North (1971) 等为代表的新制度经
济学派，把制度作为一种变量来解释历史事实，从而对农地制度变迁理
论的系统研究做出了突出贡献。Hundie (2008) 解释了埃塞俄比亚的牧
区土地产权制度的变革，认为国家作为土地产权改变的驱动力因素，在
灌区农业区的作用巨大，但在其他地区的干预作用非常小。Hare
(2013) 分析了越南农地产权制度改革的起源与影响。通过研究发现，
导致产权私有化的出现条件与农村集体土地使用证书的拥有比例相关。
第二，农地产权稳定性、安全性及其绩效研究。为了追求效率和减少贫
困，许多发展中国家都十分关注土地登记发证及提高土地产权安全性等
工作 (Adenew and Abdi, 2005)。众多研究表明，通过实行土地登记发
证、增强土地产权稳定性能在一定程度上提高农业产业绩效和对土地投
入的积极性 (Holden, 2007; Fort, 2008; Bouquet, 2009; Camille et
al., 2010; Barry and Danso, 2014)。Mintewab 等 (2011) 更是在土地
登记过程中强调了信任对增强土地产权安全性的重要作用。然而，有些
学者也发现，在非洲一些国家，土地登记发证项目并没有明显的提升农
业生产效率及农民对土地利用投资的积极性 (Carter and Olinto, 2003;
Place, 2009)。

1.2.2 国内外农地流转相关研究

目前，农地流转已经成为政府和学术界关注的热点问题之一，国内
学者主要从以下几方面进行了深入研究。

1. 众多学者对农地流转效果进行了深入研究。关于土地流转效果的
研究主要在规模经营、农业效率、农民福利等方面展开。

(1) 农地流转一定会促进规模经营吗？近年来有研究表明，土地流
转市场对减轻土地细碎化程度作用甚小 (田传浩、陈宏辉、贾生华，

2005）。钟甫宁和王兴稳（2010）利用江苏兴化、黑龙江宾县两地 8 个村庄农民的实际田块分布图，根据整群抽样调查所获得的数据，模拟了农民间农地交换以减轻农地细碎化的可能性。模拟结果显示，由于地块不匹配、交换链条过长等原因，农民间农地交换很难成功。现阶段只有农户数量大幅度减少并实现永久性的向城市移民才能增加农民手中地块数以及土地面积，从而增加土地匹配和相邻概率，扩大土地的可分割性，提高土地的可替代性，缩短交易链条，降低农户间土地交换的交易成本，实现通过交换土地降低农地细碎化程度的目标。而朱建军和胡继连（2015）采用中国健康与养老追踪调查数据分析了农地流转对耕地经营权配置的影响，并探讨了流转中耕地的流向。研究发现，农地流转能够促进耕地集中和规模化经营，而且随着农地流转程度的提高，耕地规模化经营程度也会相应提高；人均拥有耕地面积越多的家庭越有可能参与农地流转，人均纯收入越高的家庭越可能租出耕地，无地少地的低收入农户很难从农地流转中获益。

（2）农地流转对其他要素市场的影响。农地流转市场的活跃与其他要素市场的改革与完善有着积极的相关作用（谭丹、黄贤金，2007）。游和远、吴次芳（2010）也认为，农地流转不能直接促进农村劳动力流转，必须借助其他中间变量，如农村工业化等。高欣和张安录（2017）以中部地区 142 个村 1370 户农户的调查结果为基础，运用统计分析法、DEA 分析法研究农地流转前后转入户和转出户的农业生产效率变化，进一步采用 Tobit 回归分析方法探究不同农户兼业程度对两类农户的农业生产效率的影响，为保障国家粮食安全、制定相关政策提供理论依据。研究发现：从综合生产效率来看，中部地区参与农地流转的农户生产效率均较低，仅有 0.204，农地流转使转入户提高了 1.1%，转出户降低了 15.7%；从技术效率和规模效率来看，流转后转出户的技术效率低于转入户 1.8%、规模效率与转入户扩大为 10.4%，说明农地流转促使土地由转出户向生产技术更高、经营规模更集中的转入户家庭转移；在其他条件不变的情况下，兼业分化会显著提高转入户的生产效率，显著降低转出土地农户的生产效率，且兼业程度越强兼业分化的正方向影响作用越弱；在其他变量中，受教育程度、农业补贴政策的落实和农业技能培训对农业生产效率均有正向影响。

（3）农地流转与农业生产率和农户收入。有学者研究表明，土地流转市场对农业生产率及农户收入提高都有显著的积极作用（许恒周，2011；戚焦耳等，2015）。当然，也有学者认为，农地流转并不能带来农业绩效的提高（贺振华，2006）。钱忠好和王兴稳（2016）利用2006~2013年江苏、广西、湖北和黑龙江四省（区）1872个农户的入户调查数据，实证检验了农地流转对农户家庭收入的影响。就农地流转对农户家庭总收入的影响而言，农地流转能促进转入户和转出户家庭总收入提高，相比较而言，农地流转更利于转出户增加家庭总收入。就农地流转对转入户和转出户经营性收入、工资性收入、财产性收入、转移性收入的影响而言，尽管农地流转不利于转入户工资性收入的增加，但有利于其经营性收入增加，且农地流转所带来的经营性收入的增加效应足以抵消工资性收入的减少效应，从而有利于转入户家庭总收入增加；农地流转有利于转出户经营性收入、工资性收入和转移性收入的增加，从而有利于转出户家庭总收入的增加。

（4）农地流转对农民福利影响。游和远等（2013）研究结果支持了农户的农地流转可能无法给农户带来全部福利改善的担忧，现实中，农地流转对农户的福利效应集中在农户收入增加，而对农户成员健康及保障改善却没有带来应有的正面效应，对农户的社会联系的影响则同时存在着正负效应。夏玉莲和匡远配（2017）利用倾向得分匹配法和5省1218户农户3年的跟踪调查数据，分析了家庭的农地流转行为及其减贫效应。研究表明，农地流转具有显著的多维减贫效应。其中，收入维度和就业维度的减贫效应尤为突出，教育维度减贫效应逐渐显现。

2. 农地流转影响因素研究。一些学者从制度经济学视角出发，分析了农地产权残缺（黄祖辉，2008）、交易成本（刘克春，2006）等对农地流转的影响。还有学者运用计量经济学方法，实证分析了农地流转的影响因素，模型中涉及的变量包括家庭经营非农化程度、外出务工比例（陈美球，2008）、流转对象选择、农地等级（孔祥智，2010）、家庭保障水平（詹和平、张林秀，2009）、农民分化、产权偏好（许恒周，2011）、农户行为能力、交易费用（罗必良、郑燕丽，2012）、禀赋效应与产权强度（钟文晶、罗必良，2013）、农户兼业（廖洪乐，2012；张忠明、钱文荣，2014）、村级流转管制（郜亮亮、黄季焜、冀县卿，2014）、空间异质性（王亚运、蔡银莺，2015）、生计资本异质（纪红蕾、蔡银莺，2017）等。此外，不少学者都开始从农民分化的视角研究其对农地流转、土地和宅基地产权认知及退出决策的具体影响（许恒周，2011，2012，2013；刘同山、牛立腾，2014；聂建亮、钟涨宝，2014）。

3. 农地流转农户认知意愿及决策行为研究。不少学者从微观层面对农民农地流转意愿及行为决策进行了分析。在农地流转意愿方面，主要从实证角度分析了影响农地流转意愿的各种因素（黎霆、赵阳、辛贤，2009；乐章，2010；许恒周，2012）；马贤磊等（2015）分析了农地产权安全性对农地流转的具体影响。在流转决策行为方面，钟涨宝、汪萍（2003）认为，农地流转过程中农户行为是一种经多种因素综合考量的社会行为，其行为目标取向也是经济利益和社会利益的综合体，如就业、生存等保障因素。许恒周等（2013）分析了宅基地确权对不同代际农民工宅基地退出行为的影响，研究发现：是否持有农村宅基地证对于新生代农民工宅基地退出意愿具有显著影响，但对于第一代农民工而言，该变量系数并不显著。此外，学者还对不同类型农户对不同类型流转农地的投资行为进行了分析（杨钢桥、靳艳艳，2010；郜亮亮、黄季焜，2011）。

由于各国之间土地制度的差异，国外极少使用"土地流转"这一概念，大多数研究针对土地市场及土地交易，研究主要集中在农地流转市场与产权安全、交易绩效以及交易影响因素等领域。

第一，农地流转市场研究。在土地资源配置过程中，土地租赁是土地开发和利用最为普遍的方式（Basu，2002）。Swinnen 和 Vranken（2005）发现缺少农地的农户更倾向于采用流转市场来获取农地，而不是通过土地买卖市场，对于具有非农就业机会或年老的农户也是如此。Awasthi（2012）通过对印度实证分析发现，对农地租赁和买卖进行限制的政策是低效的，不利于提高农地利用效率。也有学者指出，结构完善和界定明确的土地产权是土地市场高效运作的基础，因为它可以给土地持有人明确的未来预期（Holden and Otsuka，2014）。

第二，农地交易绩效研究。土地流转可以促进土地的集中，从而带来规模经营和农业效率提高，这是大多数学者对土地流转所持有的观点（Carter et al.，2002；Deininger et al.，2009；Sklenicka et al.，2014）。Stephen 等（2005）对洪都拉斯和尼加拉瓜实行的自由土地市场政策对土地租赁市场的影响进行了研究，认为该政策有助于促进土地租赁，同时也提高了农业生产效率。Feng 和 Heerink（2010）通过研究也发现，农地流转市场发育对于稻谷的生产效率具有积极作用。此外，通过土地登记发证等制度措施，可以增加土地权利交易的边界及内涵，明确降低土地交易费用，促进土地利用效率及农业发展（Sitko et al.，2014）。

第三，农地流转影响因素研究。主要集中在农地产权制度、交易费用、经济环境、生产要素市场等方面。Joshua 等（2004）以斯洛伐克为例对土地流转过程中的交易费用进行研究发现，大量的交易费用是与土地的高细碎化和低价值的土地产权相联系的，这阻碍了土地流转所带来的福利增进。土地制度因素也增加了交易费用，阻碍了农地交易（Lerman，2007）。一些学者研究了经济环境与农户自身禀赋对农地租赁市场的影响（Rahman，2010）。Brandt 等（2002）、Jin 和 Deininger（2009）、Angelovska 等（2012）通过实证研究发现，农村剩余劳动力的转移和经济发展水平对农户参与土地流转有显著的影响。

1.2.3 国内外农业经营主体相关研究

"三农"问题始终是大问题，必须加快构建新型农业经营体系，培育新型农业经营主体。目前我国已经开始了构建新型农业经营体系的步伐，很多地方已经出现了新型农业经营体系的发展形式，部分农村地区的新型农业经营体系已经萌发。

张红宇（2017）认为，新型农业经营主体是以传统经营主体为根基，以各主体间相互融合，相互协作为运行方式，以提高劳动生产率、增加农民收入为主要目的联盟组织。钟真（2018）认为，家庭农场、合作社、农业企业等新型经营主体并不是农业政策的产物，而是农业和农村自身发展的结果。他们的成长、分化与走向既是市场化规律的体现，也是制度改革创新的反映。改革开放 40 年来，各类新型农业经营主体实现了巨大的成长，极大地改变了农业要素的投入规模和结构，调动了政府、市场和社会的多种力量，产生了多方面的经济社会影响，但也存在着诸多问题与挑战。结合其发展趋势看，新时代中国特色农业现代化应紧紧依靠新型农业经营主体，但在政策上仍需要做相关战略调整，有针对性地完善其政策支持体系。杜志雄（2018）表示应该将家庭农场作为发展重点，因为它是新型农业经营主体中与传统经营主体最为贴近的部分，相较于其他主体能够更为快速地适应当前农村生产力水平条件。姜长云（2017）认为，农业龙头企业运用其自身优势，形成以市场为先导拉动企业，以企业为驱动辐射基地，以基地为依托发展农户的一体化经营流程，有效地提高了农户的组织化进程，同时对于扩大农产品市场，提高农民收入都有明显的积极作用。周志超（2018）通过对南宁市农业发展现状进行分析，认为南宁市新型农业经营主体数量的壮大大幅提升了农产品的生产规模以及综合效益，特别是"特色居民村"的建设为南宁市特色农产品走向市场提供了条件。阮荣平等（2017）从对全国范围内 2615 个新型农业经营主体辐射程度的调查后认为，大部分经营主体都能够带动附近农民增收，特别是农业龙头企业的辐射程度相较于其他经营主体最高，主要表现在技术保障、提供交易信息以及销售渠道方面。

　　不少学者对新型农业经营主体发展的制约因素也进行了研究。刘婷婷（2016）提出，金融是限制我国新型农业经营主体发展的主要原因，并且金融深化力度的不足导致的融资约束会削弱农业生产的产值水平。费佐兰（2016）认为，新型农业经营主体由于规模大、农机设备数量多、生产周期长，资金是影响其生产经营的主要因素，有较强的贷款需求，但贷款难度高。王蔷等（2017）以四川省新型农业经营主体为研究对象，发现不同经营主体由于生产规模、产品品种、技术含量的不同所以对融资需求存在较大的差异，而目前四川省融资供给渠道仍以银行为主导，多元性金融产品的缺乏与新型农业经营主体对于资金需求的不断扩大的矛盾性日益凸显，延缓了新型农业经营主体发展的步伐。王吉鹏等（2018）基于浙江、山东、安徽、河南、陕西、四川等 6 省 131 家新型农业经营主体在实施农业综合开发产业化贷款贴息发展项目中融资情况的调研，发现我国新型农业经营主体融资面临的主要问题有融资成本居高不下、贷款条件偏高、信贷担保体系不完善、信贷风险分担机制不健全、财政贴息政策有待完善等。建议合理确定贷款利率、降低融资成本，优化涉农信贷产品和服务方式、适当放宽贷款条件、完善信贷担保体系、健全信贷风险分担机制，拓宽财政贴息范围、加大财政贴息力度，强化政策性金融支农作用，以期破解新型农业经营主体融资难题。苏振锋（2017）以陕西省为例，发现土地流转困难已经成为陕西省新型农业经营主体实现规模化经营的一大难题，只有土地有序流转才能确保土地规模，提高农民流转积极性，才能为新型农业经营主体的发展提供良好的外部条件。张朝华、黄扬（2017）通过对广州、湖北、湖南等地的调查发现这些地区农村社会化服务普及率较低，特别是家庭农场表现得尤为明显，对于动物防疫、产品销售渠道、饲料供应等方面的服务尤为缺乏，在某些方面影响了当地农户的生产活跃度。杨永珍（2017）认为，目前的主要因素是政府对于乡镇地区农技咨询、市场信息传递、风险保障等服务缺乏系统性指导和宣传，造成经营主体的生产缺乏连续性，无法有效地完成与市场的对接。张锋（2017）认为，农民是农村发展的关键，农业经营主体整体素质偏低，存在对新的农业技术接受度差，缺乏专业的经营管理知识，对于自身未来的发展目标没有准确的定位等问题，这些大大影响了新型农业经营主体日后的壮大。张家辉、刘辉（2017）表示，管理人员的才能决定了农业合作社或是企业的发展态势，有相当一部分经营管理者缺乏对于更新知识的能力但又不愿意将资金花费在对人才的培养上，长此以往就会造成经营主体本身无法跟上农业新时代的脚步。王建华（2017）以资源错配理论为基础，认为政府对于农业生产资源的分配会激励或抑制这个地区培育新型农业经营主体的发展，而通常情况下的政府资源分配往往不是最有效的组合，这种配置不合理的情况会导致经营主体无法充分发挥其自身优势。

国外的学者大都把发达国家的农业经营主体分为合作社、企业化经营的农场、兼业农户三种类型。对各种合作社合作思想的研究创立，可以追溯到 19 世纪上半叶。而从 20 世纪后期以来，伴随着合作社发展的日益成熟，合作社理论逐渐成为现代经济学理论研究的重要内容。Clark（1952）认为，合作社和企业的追求目标相同，都是追求利益最大化，合作社不仅要追求合作社内部利益最大化，也要满足社员利益最大化，虽然这两个目标很难同时实现。Fama Jensen（1983）指出，合作社发展的过程中存在着社员"搭便车"的现象。获原将太（2013）认为，日本农协通过了各种相关指导业务改善了农民生活、经营的环境，通过《组合员勘定》的制度解决了农民的短期资金缺乏问题。Jussila（2012）指出，合作社是建立在一个以实体或个人组成的协会的想法之上的组织。

Karantininis 和 Zago（2004）认为，合作社必须探索建立新的方法、制度来应对会员的脱离和异质，不然的话，他们吸引到的只会是低效的生产者。Tim Mazzarol（2013）等通过研究法国和澳大利亚的合作社的运行情况来分析小企业运用何种方式与农业合作社形成一个战略网络。

家庭农场发展较好的主要代表国家有日本、法国、美国及澳大利亚。日本与其他国家最大的不同是其资源极其短缺，所以其家庭农场的规模基本以小型为主，而中型家庭农场在法国农业发展进程中发挥着至关重要的作用，地广人稀的美国和澳大利亚的家庭农场则是以大型为主，其共有的特点是家庭农场商品化、专业化、机械化程度高。Robert A. Hoppe（2014）认为，家庭农场之所以能够经久不衰，是因为它是传统与现代相联系的纽带，是过渡时期必然存在的经营形式。Dacian Ciolos（2014）认为，在目前全球农业产品多样化的大背景下，家庭农场在提高生产效率，促进农业绿色发展，缩小城乡差距方面的作用会日趋显著。Medina G.，Almeida C.，Novaes E. 等（2015）通过对巴西家庭农场的发展现状分析，得出家庭农场在当地有着巨大的生产潜力，但也存在结构性问题的结论。Kalat P.，Duniya，Sanni A.（2015）通过对尼日利亚北部396名农民家庭农业水平与收入水平的调查，认为家庭农场是改善农民生计，减少贫困和增加粮食安全的有效经营模式。Ji C.（2016）认为，家庭农场既是对传统经营制度的借鉴，也是对新型农业发展模式的扩充。地方政府需要引导和鼓励有真正能力和技能的农民从事家庭农业，同时促进各种商业实体相互联结，形成一个动态的、多样化的组织体系。

1.2.4 文献述评

纵观国内外研究农地确权、农地流转与新型农业经营主体的文献，发现主要是从以下两个角度进行分析的，一是关于农地确权对农地流转及其他方面，如农民收入、福利等的具体影响，而且基本都是将农民作为一个统一体，没有注意到农民的异质性。二是有关新型农业经营主体的研究，已有的文献主要是对新型农业经营主体发展的背景、影响因素及面临的问题进行了研究。但还没有文献专门分析农地确权及农地流转对新型农业经营主体发展的具体影响。鉴于此，在对既有研究进行概括总结的基础上，本书确立"确权、农地流转与新型经营主体培育"问题分析的理论视角和框架，进而采用有针对性的调查数据和相应的计量模型来实证分析，由此评估新一轮农地确权对土地流转及新型经营主体培育的实际影响。

1.3　研究目标与研究内容

1.3.1　研究目标

本书拟通过对农地确权、农地流转及新型农业经营主体发展的理论梳理及实证研究，试图明确农地确权对农地流转的具体影响以及如何影响新型农业经营主体的培育和发展。

具体目标：（1）以调查数据为基础，实证分析农地确权对农地流转意愿及农地流转率的影响。（2）考察农地确权政策的具体实施效果。（3）探究农地确权、农地流转对新型农业经营主体培育的具体影响。（4）在理论与实证分析基础上，提出完善农地确权、农地流转与新型农业经营主体培育的政策建议和实现路径。

1.3.2　研究内容

本书在对地租理论、土地产权理论、制度变迁、交易成本、经济行为、理性选择等相关理论分析基础上，构建农地确权、农地流转与新型农业经营主体发展的内在机理分析框架，并以实地问卷调查数据为基础，通过构建相关计量模型来实证分析农地确权、农地流转以及新型农业经营主体培育的内在关系，由此评估新一轮农地确权对土地流转及新型经营主体培育的实际影响。具体而言，包括以下几个方面：

第1章绪论。主要提出研究问题的背景、目的和意义，表明研究目标，并结合研究目标来确定每一部分的具体研究内容、框架和研究方法。并对农地确权、农地流转及新型农业经营主体的相关研究文献进行回顾述评。此外，还会对研究可能的主要创新之处进行阐述。

第2章相关概念界定及理论基础。为了更加准确和科学地分析研究内容，在进行正式的理论分析与实证研究之前，有必要对相关概念及基本理论进行界定。因此，本章内容分为两个部分，分别是相关概念界定和理论基础。其中，概念界定主要对农地、农地确权、农地流转和新型农业经营主体进行了内涵界定；基础理论主要包括土地产权理论、制度变迁理论、经济行为理论、理性选择理论和农户决策理论等。

第3章我国农地确权、农地流转及农业经营主体的演变。农地流转是农地产权制度的基本内容和改革方向，是农村多重转型在农地流转制度和农地产权制度改革的一种具体体现。农地流动和高效配置本质上是要求农地产权具有现实的可转让性、产权主体可充分自由行使产权的表现，而农地确权及"三权分置"则进一步促进了农地流转制度改革的深入。随着农村剩余劳动力的转移和农地流转，新型农业经营主体逐渐成为农地规模经营的主体。为深入分析农地确权、农地流转与新型农业经营主体之间的内在逻辑关系，有必要对其各自的历史演变历程进行梳理，以便从历史演化的视角分析其发展趋势。所以，本章主要包括三部分，分别为农地确权政策的发展历程、农地流转政策的发展历程及农业经营主体的演变过程。

　　第4章典型地区农地确权现状分析。选取某地区作为研究的典型区域，详细介绍典型区域相关调查数据的获得过程，如区域选择、区域详细概况、研究问卷设计等内并对所获取数据进行处理，完成数据整理及描述性数据分析；结合数据整理结果，以及所选取区域的典型特征，对典型地区农地流转过程中的土地确权现状进行分析总结。

　　第5章农地确权对农地流转意愿及农地流转率的影响分析。以第4章的数据为基础，通过建立计量模型实证分析农地确权对农地流转的具体影响，包括对农户农地流转意愿及农地流转率的影响。

　　第6章农地确权政策对农户农地流转决策行为的影响分析。为深入推动农地确权政策的实施及农村土地有序流转，有必要深入分析农地确权政策对农户的农地流转决策行为会产生何种影响，以便为今后农村土地制度改革提供一定的科学依据和借鉴。基于津鲁两省市1254份农户问卷调查数据，采用Heckman-Probit两阶段选择模型，实证分析农地确权政策对农户农地流转决策行为的具体影响，以期为下一步的农村土地产权制度改革提供政策参考。

　　第7章农户分化视角下农地确权政策的实施效果评估。以农地确权政策实施效果评价为研究目标，在实地调查的基础上，从农户生计多样化视角入手，探究农地确权政策的实施效果，并探索影响农地确权政策效果的主要影响因素，希冀能引致相关主体在决策时更加关注不同生计类型农户影响因素的异同，为决策部门提供思路参考和理论支持。

　　第8章农地确权对新型农业经营主体农地流转的影响分析。产权理论认为，集体农地产权界定模糊及其引发的交易费用是导致农地流转不畅的主要成因，而地权边界明晰则可以降低交易费用并促进农地交易。因此，2013年中央一号文件明确提出，用5年时间基本完成农村土地承包经营权登记颁证工作。那么，新一轮承包地确权登记颁证作为一项在全国范围内推进且成本耗费较大的改革政策（张晓山，

2015)，究竟会对我国新型农业经营主体的农地流转行为产生怎样的实际效果？从目前来看，尽管已有学者开始进行了农地确权对农户农地流转的影响研究，但对于新型农业经营主体这一特殊的群体，并没有相关文献对其受到农地确权的影响研究。基于此，本章在对既有研究进行归纳评述的基础上，确定"确权与新型农业经营主体农地流转"问题分析的理论视角和框架，进而采用有针对性的调查数据和恰当的计量经济学模型进行实证研究，由此评估新一轮确权政策对新型农业经营主体农地流转的影响，进而为农地流转及农业规模经营提供科学的指导依据。

第9章研究结论与政策建议。归纳凝练本书研究的主要结论，并根据理论分析与实证研究结果提出相对应的政策建议。

1.4　研究思路与研究方法

1.4.1　研究思路

本书拟以农地确权的效果为主线，综合土地产权理论、经济行为理论、理性选择理论、产权制度变迁理论等，梳理农地确权、农地流转及新型农业经营主体的演变历程，通过实地问卷调查获取相关数据，对典型地区农地流转过程中土地确权状况现状分析，并对典型地区农地确权对农地流转的意愿及农地流转率的影响进行研究。在此基础上，运用调查数据实证分析农地确权对农地流转行为决策的影响，并进一步从农户生计多样化的视角出发，研究农地确权政策的实施效果。探讨农地确权、农地流转对于新型农业经营主体发展的具体影响。具体思路见图 1-1。

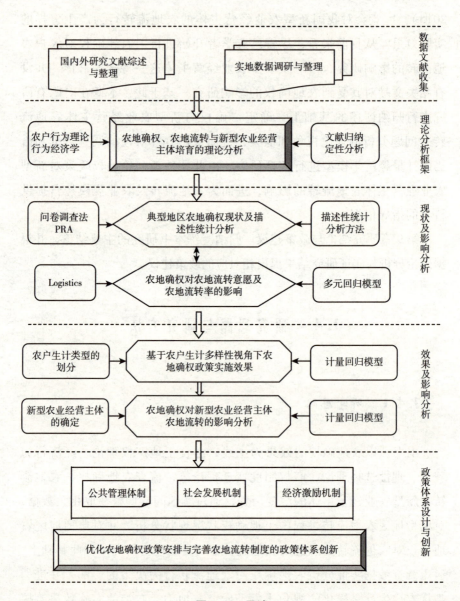

图 1-1　思路

1.4.2　研究方法

本书采用定性和定量相结合、多学科交叉的理论研究方法。

具体而言，采用的研究方法主要有：

1. 文献回顾法。文献检索和阅读是本书的前提和基础，本书研究问题的提出以及研究构思都是建立在大量的文献检索和阅读基础之上。笔者除了阅读大量的国内有关农地确权、农地流转和新型农业经营主体的规范和实证研究文献之外，还检索并阅读了国外有关土地流转、土地市场与制度方面的外文文献。这些文献为本书研究构思提供了很好的借鉴。同时，笔者通过对统计年鉴、统计报告、学术论文数据库和相关著作的查阅，了解我国当前农地确权及农地流转问题研究的现状，特别是研究区域城乡统筹发展过程中出现的特点和问题，为调查和研究的深入开展奠定基础。

2. 案例访谈法。在设计问卷之前，为了对农地确权及农地流转的意愿和行为有深入的了解，笔者在小范围内进行了案例访谈，以了解农民对农地确权和农地流转的认知及需要。访谈的主要目的是为设计问卷提供基础。

3. 问卷调查法。在研究的前期准备阶段，通过对调查区域实地调研，采用问卷调查的方式，实地了解农民对农地确权及农地流转的认知及流转意愿，为后续的深入分析研究提供第一手资料和部分观点来源。

4. 定量分析与定性分析方法相结合。定性分析通常被用来对事物相互作用的分析中，在解决分析被研究对象"是不是"或"有没有"这类问题的时候常常被用到。它也有两种类型：一种是建立在严格推理的定量分析基础之上的定性分析，另一种是研究结果本身就是需要定性的描述和解释。

与定性分析一样，定量的分析方法也属于研究领域内的方法学体系。只不过定量分析主要是依靠可以量化的标准去衡量事物，根据定量分析可以使人们对研究对象的把握和认识进一步深化、精确化，以便更加科学地把握事物本质，揭示内在规律，理清逻辑关系，预测事物的发展方向。在科研工作中，定量的分析方法主要有统计分析与测量方法，统计分析方法有可以进一步细分为描述性统计与推断性统计。定性分析与定量分析他们的共同点在于，两者的主要目的都是为了获取证据充分的符合实际的科学的研究结果；而两者的不同点就在于，定性研究主要侧重的是自然情形之下的主观方面的内容，而定量研究则是比较注重对数理化等客观指标的实际验证。

在本书研究中，主要是统计分析和计量经济模型方法。在对农地流转过程中土地确权状况现状分析时，主要运用统计分析软件 SPSS13.0进行描述性统计分析，在分析农地确权对农地流转的意愿及农地流转率的影响时，主要运用 Logistic 模型及多元回归模型进行验证。而对于农地确权对农地流转行为决策的影响，则采用了 Heckman-Probit 两阶段选择模型，在分析农地确权实施效果时，也是运用了该模型。

5. 比较研究。目前比较研究方法是人文社会科学研究中常用的一种方法。本书主要是对不同时期的农地确权、农地流转等相关政策进行比较，借此总结规律、得出结论。

1.5　可能的创新

本书可能存在的创新之处主要体现在以下两点：

1. 研究视角的新颖性。在既有的农地流转、农地确权等文献中，大多是对整个农民群体的研究，并且将农民看作高度同质的整体。而对新型农业经营主体农地流转行为的研究文献还比较少。本书在研究中突出了从农民分化的视角来探索农地确权对其农地流转行为的具体影响，从而在一定程度上拓展了农地流转制度的研究范围。

2. 研究内容的创新性。在既有农地确权、农地流转的有关文献中，主要分析农地确权对农地流转的具体影响。而本书则在此基础上，评价了农地确权政策的实施效果，并进一步分析了农地确权对新型农业经营主体的农地流转行为的影响，这将为以往的有关农地流转及农地确权研究内容提供一定的有益补充。

第2章 相关概念界定与理论基础

为了更加准确和科学地分析研究内容，在进行正式的理论分析与实证研究之前，有必要对相关概念及基本理论进行界定。因此，本章内容分为两个部分，分别是相关概念界定和理论基础。其中，相关概念主要对农地、农地确权、农地流转和新型农业经营主体进行了内涵界定；基础理论主要包括土地产权理论、制度变迁理论、经济行为理论、理性选择理论和农户决策理论等。

2.1 相关概念界定

2.1.1 农地

农地有两种主要的理解方式：一是农村土地，是农用土地。《中华人民共和国农村土地承包法》指出，农村土地是指村集体和国家所有按照法律规定归村集体使用的土地。范围包括耕地、林地、草地以及其他依法用于农业的土地。《中华人民共和国土地管理法》指出，农用土地指包括耕地、林地、草地、园地等直接用于农业生产的土地。可见农村土地范畴更广泛，包括了农用土地和农村建设用地。本书界定农地仅指村集体发包给农民的耕地，不包括林地、农村集体建设用地以及农村宅基地等其他农村土地。

2.1.2　农地确权

在目前的农村土地制度改革中，农村土地确权是中央政府大力推行的政策，其基本出发点是保护农民利益，主要目的是加速中国农村土地制度改革、促进农地集约经营、提高农地流转的效率，并且在一定程度上促成中国农村土地市场的最终形成。

农村土地承包经营权确权，是指在农村土地所有权登记发证的前提下，以现有的土地承包合同、权属证书和土地所有权登记为依据，并利用先进的科技手段，进一步查清农民承包地块、面积和空间位置，建立健全土地承包经营权的登记簿，依法赋予农民充分有保障的土地承包经营权。

农村土地承包经营权确权就是以确权颁证的形式，对农民承包面积不准确、四至不清等问题进行文本明确和合理解决，这种颁证过程实质上就是物权登记的过程。要加快土地经营权的自由流转，有偿退出土地承包权，推动生产要素的流动，其中一个前提条件就是必须实现土地承包经营权和经营权的分离，只有如此才可以最终使农民土地承包权、经营权实现财产化。本书研究特指的是农地承包经营权确权。

2.1.3　农地流转

当前，农村土地流转已经成为解决农村问题，甚至"三农"问题的重要切入点，不仅是当前学术界研究农村土地问题的焦点，也是政策决策部门比较关注的问题，而且在实践层面上各地政府也在积极地探索推进。但是，无论是理论研究，还是实践探索，都没有对农地流转的内涵达成统一认识。因此，为便于研究，有必要对"农村土地承包经营权流转"的基本内涵进行界定。

农地流转在理论含义上有广义和狭义之分。广义的农地流转包括不改变其农业用途的农地内部流转、改变其农地用途的征地和农转非（转为集体非农业用地）。狭义的农地流转仅限于不改变其农业用途的农地内部流转即农地承包经营权的流转，农户在承包期限内通过多种方式将农地承包经营权的部分或全部权能让渡给其他农户、农村集体经济组织、农业企业或其他组织从事农业生产。不改变村集体土地法律所有者、农户土地法律承包者的角色。本书研究所涉及的农地流转是指农地内部流转，即在不改变农地农业用途的前提下，农地承包经营权人按照依法、自愿和有偿的原则，通过转包、互换、转让、代耕、入股、出租等方式，将其获得的农地承包经营权流转给其他农户或经济组织。

2.1.4　新型农业经营主体

"新型农业经营主体"是相对于传统农业经营主体的概念，建立在传统农业经营主体的基础之上，又对传统农业经营主体有所发展。张义珍（1998）指出，农业经营主体是指直接或间接从事农产品生产、加工、销售和服务的任何个人和组织。贺宏善（1998）进一步提出，农业经营主体应当能够独立承担农业经营任务，需要掌握或者拥有一定规模的土地、资金、设备等资产以及一定数量的劳动力；需要具备一定的经营能力和管理经验；需要独立承担法律责任，自主经营、自负盈亏。之后，匡远配（2005）等提出，农业经营主体是农业活动中具有意识的人的大多数，是经济组织实体与经济活动过程的有机统一，是指在农业领域中从事农业生产活动、进行农业经营管理、提供相关服务的功能性团体。黄祖辉和俞宁（2010）提出，我国的农业经营主体随着改革开放发展，已由相对同质性的家庭经营农户占主导的格局向多类型经营主体并存的格局转变。刘志成（2013）通过对湖南省多县的实地调研，对新型农业经营主体进行了深入的研究，他认为新型农业经营主体是在发展农户为经营的基础上，创新的发展专业大户、家庭农场、专业合作社和涉农的龙头企业，实现农业生产要素集约化和市场化的配置，是现代农业实现的必要手段。江维国（2014）介绍了新型农业经营主体包括专业大户、家庭农场、农民专业合作社、经营性农业服务组织、农业龙头企业5 种类型。

党的十八大以来，中央和各地方政府均出台了一系列支农政策，进一步推进传统农业向现代农业转变。随着我国农村经济的迅速发展，开始形成具有适度规模、较好物质装备条件，具有较高的劳动生产率、土地产出率和资源利用率，能够充分集约利用自身劳动力资源以及其他各项资源要素，取得较好规模经济效益，专业从事农业生产的经营组织，这些生产经营组织被称为"新型农业经营主体"。新型农业经营主体克服了传统农户家庭经营在规模效益不明显、生产要素利用率较低等方面的缺点，使得农业生产率得到大幅度提高，从而有效推动农村经济的发展。

综上所述，新型农业经营主体即指在家庭承包经营制度下，以商品化生产为主要目标，具有较大经营规模、较好物质装备条件、较高经营管理水平，能有效提高劳动生产率、资源利用率及土地产出率，主动适应市场需要从事农业生产活动的经营组织的总称。

2.2　理论基础

2.2.1　土地产权理论

西方经济学中的土地产权理论以科斯、诺斯等经济学家为代表。科斯从外部性入手对产权问题进行研究，从走失的牛损害他人土地中的谷物一案，到河流污染问题等经典案例都是有关外部性的研究。科斯定理中的土地产权问题的实质是谁的损害最小，为了避免产生更严重的后果。保存甲方的土地，若损害大于农夫土地所得，则要素在其他地方产生的附加值超过考虑损害后重新使用该土地所获得产品，因此这时就会放弃该土地的耕种而转移生产要素。在交易成本为零的情况下，对产权的界定不会产生资源的优化配置；只有在交易费用产生后，产权的界定才会促使资源的优化配置，因此，养牛者该不该对谷物赔偿的决定性因素就是土地产权的制定中交易费用问题。良好的土地产权制度的安排将会产生更多的产值，促进土地资源的优化配置。诺斯是制度结构与变迁理论的拥护者，他在研究制度结构于变迁的过程中，对土地产权制度的变迁进行了研究，他认为土地之所以会产生排他性特征，主要是因为土地价格的变化，土地价格因人口增长的速度而变化，一旦人口增长过快，超过了土地资源的承受能力，由于土地成为稀缺资源，因而土地的价格也相应地提高，于是对土地产权制度界定的需求便产生了。土地相对价格变化得越快，土地的排他性产权就越明显。诺斯不仅把要素相对价格的变化作为影响土地产权形成的外部条件的变化，而且指出技术的进步也是引起制度变迁的原因，如果行动集团期望获得潜在利润，就会打破制度的初始状态，推动制度的变革。

马克思的土地产权理论是系统的、科学的理论体系，在马克思的经典论著《资本论》《剩余价值理论》《政治经济学批判》（1857～1858 年手稿）《马克思古代社会史笔记》中具体地对土地产权理论进行论证，其系统的概括为土地产权制度及其变迁理论、土地产权权能理论、土地产权结合与分离理论、土地产权商品化及配置市场化理论、土地产权股份制理论。

马克思虽然没有明确提出"土地产权"这一概念，但是在马克思主义的经典著作中，对土地产权的论述却比较充分。《马克思古代社会史笔记》和恩格斯所著的《家庭、私有制和国家的起源》对土地产权习俗理论进行了研究，马克思认为，土地习俗产权理论包括农地习俗元制度的起源、土地流转交换习俗、农地继承习俗、农地习俗元制度多样性、共同性与差异性、农地习俗元制度对农地租赁价格的影响等。

马克思的土地产权理论是对土地产权制度、产权权能理论、产权配置理论等内容进行完整梳理的一个科学理论体系，其对于我国土地产权制度的制定和改革有着重要的理论意义和指导作用。在马克思土地产权理论中，土地产权不是一种产权，而是各项土地权能的集合。其中，土地所有权（法律上所有权）是在土地权力集合中的核心权能，其具有明显的排他性和唯一性的属性特点。马克思指出，土地所有权的前提是，一些人垄断一定量的土地，把它作为排斥其他一切人的，只服从个人意志的领域（崔光胜、屈炳祥，1997）。马克思关于产权权能及其结合与分离的研究对我们产生了重要的启示，马克思认为，土地产权是由终极所有权衍生出来的占有权、使用权、出租权、抵押权等权能组成的权利束，这些权能既可以结合又可以分离，土地私有产权下可以结合与分离，土地公有产权下依然可以结合与分离。马克思关于土地产权权能结合与分离的理论，曾经成功地指导了我国家庭联产承包责任制改革下的"两权分离"，它将在新一轮农村土地"三权分置"改革中为我们创新农村土地产权模式提供理论基础。

2.2.2　制度变迁理论

制度变迁其实就是一种新制度取代旧制度的过程，前提要求是新制度更加能够符合各个利益主体的利益需求或者能够实现原制度下的潜在收益。制度被认为是由一系列的规则、准则、约束等组成，那么制度变迁也就是对原有规则、规定的修改和完善。新制度经济学派的代表人物诺斯运用成本收益法具体分析了制度变迁的过程，他认为，制度之所以变迁或制度变迁的最大动力因素在于各相关利益主体都希望获得在现行制度安排下无法获取的潜在利润，也即外部利润；实现制度变迁的前提条件就是制度变迁带来的制度收益大于制度变迁所花费的成本；制度变迁具有明显的路径依赖特征，也就是制度变迁的路径习惯于遵循既有制度的演变路径，要想顺利实现制度变迁，按照以往的制度演化路径将是最好的捷径。制度变迁也有一定的实现方式，主要是根据制度变迁的动力是由内生还是外在力量的强加，具体可细分为强制性制度变迁和诱致性制度变迁两种。总的来讲，制度变迁的本质就是从一种制度均衡到非均衡再到均衡的过程，是一个循环过程，均衡状态是循环过程的节点。制度变迁的基本路径就是，第一，由外在的制度环境发生变化，打破原有的制度均衡，从而引起潜在利润的产生。第二，为了获取潜在的经济利润，各相关利益主体通过制度变迁的成本收益比较分析，来决定是否进行制度创新。第三，当成本小于收益时，各主体会推动制度进行变革。

我国学者也对制度变迁理论做出了重要贡献，林毅夫就比较详细地揭示了诱致性制度变迁和强制性制度变迁理论的内涵。他认为，所谓的诱致性制度变迁主要是由一个人或一群人在响应获利机会时自发倡导、组织和实行。而强制性制度变迁则是由政府明令和法律引入和实行（李松龄，1999）。诱致性制度变迁的创新主体来自基层，目的就是为了获取现有制度安排下无法获取的外部利润，一般是采用自下而上的演化路径，是一种渐进式的增量革命，一般是先易后难、先试点后推广、先经济体制改革后政治体制改革相结合和从外围向核心突破相结合（卢现祥，2004）。

与诱致性制度变强正好相反，强制性制度变迁一般是以国家政府作为制度创新的主体，由国家利用行政权力强行推进的具有激进性质的存量革命。这种制度变迁方式的原因不是因为原有制度下无法获得潜在利润，而更多的是因为国家利益集团之间由于利益再分配的需要而强力推行的制度变革（林毅夫，1994）。

实际上，这两种制度变迁方式是相互依存，相互补充的。例如，起源于基层的诱致性制度变迁如果想要成为一种共同认可的规则，最终也需要国家从法律层面上对它进行确认和认可。而如果是强制性的制度变迁，在实施后也会不断引起一系列的来自市场的制度变迁需求，从而更进一步诱致制度的变迁，在这种制度变迁方式中，制度变迁的进程实际上是由市场和国家双方的力量共同推动的。

实际上，改革开放 40 年的经济发展过程就是我国不断进行制度创新和变迁的过程。在改革开放初期，农村土地承包制度的实行就是一种典型的诱致性制度变迁。在当时的农村体制安排下，农民并没有耕作土地的自主权，农村所有生产程序都由上级部门按计划制定，这大大约束农民个人的劳作积极性，对此，农民集体开始渐进式的土地制度变革，促成了家庭联产承包责任制的产生。以上的制度变迁理论和案例实际上对于目前我国农村土地制度问题也有很大的启发和借鉴作用。农村土地"三权分置"、农地确权等都表明了在现行的土地产权制度安排下有些潜在利润农民集体如何获取，所以有必要通过制度创新理论来解决当前农村土地闲置或低效利用问题，通过引导农民合理流转农地，进一步形成规模农业经营和新型农业经营主体，提高农业生产效率。

制度变迁理论表明，当现有的制度安排无法实现其潜在利益时，社会就产生了对新的制度的需求。反映到农村土地制度方面，就是当现有农村土地制度不能适应农村生产力发展的需要，不能满足其最大效益时，就应该对现有土地制度进行创新。当前，要实现我国农村经济持续健康发展，就必须寻找更有激励效应的产权制度，创新农村土地的流转机制，发挥其作为农民财产的资产效应。当前，我国正在进行的农村经济改革正是以农村集体土地产权制度改革为核心展开的，而农村土地产权制度改革正是促进农村土地市场化流转以发挥其资产效应的首要前提。

2.2.3 经济行为理论

许多科学家从各自的学科角度对行为的概念做出了相应界定。例如，心理学家认为，人的身体器官对来自外界的刺激的反应即行为；而生物学家则认为，行为是人们可以观察到的外分泌腺和肌肉的活动，是由泪液、唾液等液体表现出来的动作或者人身体的某部分的运动。哲学家则认为，受人的思想支配而表现出的外在活动即人的行为；经济学者认为，行为是在人们的意识支配作用下，在一定的生存环境中，按照一定的社会规范进行并获得一定成果的相关活动；而伦理学者认为，人的行为是基于自由意志的动作；组织行为学者则认为，人和环境交互作用的产物和表现即行为，它包括语言、思维以及一切可以观察的外在的活动、运动和动作。

行为经济学是传统经济学和社会心理学的有机结合，传统经济学理论以人（经济主体）的自私和效用最大化，即完全理性假设为基础，否认非理性行为的存在。因此，传统经济学理论对社会公平、人际互惠等非完全理性现象的解释力相对较弱，而融合了社会心理学元素的行为经济学理论却认为，人的行为并不是时刻都处于完全理性状态中，即在完全理性和非理性之间存在有限理性的状态，因此行为经济学理论以人（经济主体）有限理性假设为研究前提，而具备有限利己、有限意志力和有限理性三个基本特征的人（经济主体）被称为"行为经济人"（吕保军，2006）。

从经济学的角度来看，作为微观层面的一种经济组织形式，农户家庭一般都是由多个共享家庭资源并且将家庭目标作为共同追求的人所构成。这样一来，所谓的农户经济行为就变换为农户家庭的个体为了实现一定的个人或家庭目标而进行的一系列的社会经济过程的过程。根据有关理论研究表明，农户的经济行为一般是由行为动机、模式和行为效果三个要素组成。他们之间的关系是互相依存、互相辅助的。例如，所选择的行为目标和行为模式又决定了行为效果的实现程度，而行为效果又会在一定程度上影响着行为模式和目标的选择与确定。总的来讲，农户家庭实际上综合了多学科的理论特性，例如，社会学理论中的社会人、经济学中的理性选择、人类学中的相关理论等。但农户家庭作为一种特殊类型的微观组织，它也有自己的目标追求，在该目标追求下，农户家庭合理安排所掌握的劳动力和土地资源的分配，以实现家庭的整体效率目标。

农户资源配置效率，是取决于农户具体所选用的经营行为，不同的经营行为，他们的家庭资源配置效率也应该有一定的差异。作为人类社会最基础的单位，农户家庭最初只是一个生育单元，主要承担着人类社会的不断繁衍发展，这种行为带有明显的整个生物社会的自然特性。而且在现实生活中，农户家庭也遵循生物学领域的优胜劣汰的自然法则。所以，从这个角度来看，农户可能被假设为自然人更加贴切。但与此同时，农户家庭实际上也体现了它作为经济组织的一面，因为在一个家庭中，家庭生活包括多种活动，例如，生产活动、消费活动、娱乐活动等，这与企业里面的程序有相似之处，在这种活动过程中，农户家庭成员更多地遵守的是经纪人的假设，也是追求经济效率的最大化，以最少的资源投入，获得最大的产出。此外，农户家庭还可以被看作是一个微观的社会基层单位，是整个社会管理的基础构成单元。因为农户家庭的各种行为、思想意识都会受到所在社会环境的影响，他们在追求经济目标的同时，往往还会考虑到当时的社会环境，如社会风俗、价值观念对他们的具体影响，所以，从这个角度看，农户被假设为社会人也具有充分的理由。

但在本书研究过程中，更多的是从社会人和经济人的角度去考察农民的行为。其主要原因在于，农民在对农地确权认知的基础上，做出农地流转的判断决策时，他们还遵循着社会道德习俗等社会因素方面的影响与约束，而正是这种社会方面的因素对农民的选择起到了重要的推动作用。所以，在本书研究中，将综合考虑农民的经济人和社会人特性进行相关研究。

2.2.4　理性选择理论

"理性"这一概念在不同的学科中有不同角度的解释。理性（rationality）一词来自古希腊的逻各斯，具有思想、规律的含义。从哲学的层次看，理性由期望、权衡和判断这类性质的功能所组成。理性的作用主要在于控制、支配和协调所有决定人类行为的诸多因素。哲学中的理性包括作为一种认知能力的认知理性，作为一种规范行为的自控能力的实践理性和主体对自身行为的过程、目的和结果的评价能力和评价原则的评价理性（张雄，1995）。

"理性"概念发展到今天，已经衍生出两个重要的概念，即"经济理性"和"社会理性"选择。考察这两个概念的基本内涵有助于我们更好地理解本书研究的农民工理性概念。经济学的理性概念最早来源于亚当·斯密的古典经济学的理性选择理论。在这里，理性被认为是权衡利弊的能力，是人类主导选择效用最大化行为的意识（亚当·斯密，1930）。人们通过理性思考来测算各种选择的代价大小和物质利益的优劣，以便用最小的代价来获得最大的利润或报酬。在以后的发展过程中，理性概念被不同的政治学和社会学理论学派加以发展，运用到社会学的交换理论及理性行动理论等。其中，科尔曼的理性行动理论就是这样来表述理性的标准：理性与非理性的划分标准要以局中人，即行动者的看法来确定，而不是用旁观者的标准界定（Colemon，1990）。

理性选择理论最早来源于效用经济学的奠基人亚当·斯密为代表的新古典经济学派的理论，其理论核心是关于"经济人"的假设，即人在社会生活中总是趋利避害的，尽可能以最少的成本投入来获取最大的经济效用。作为经济学的理论基础，理性选择理论被广泛地应用于分析人类的各种经济行为。

在社会学领域，乔治·霍曼斯在他的专著《交换的社会行为》一书中最早对理性选择进行了阐述，被认为是该领域内贡献最早的社会学者。他的主要贡献就在于通过社会心理学派领域的群体动力学理论对小群体的各种行为进行了重新的解释，进而重新构建了理性选择视角下的社会交换形式。并引领了社会交换理论的思想潮流。在吸收了各学科研究成果的基础上，美国社会学家科尔曼对理性选择理论作了系统的社会学阐释和分析。他认为，理性选择理论包括行动系统、行动结构、行动权利以及社会最优四组基本概念，这些概念构成了理性选择理论的基础。人们的理性行动总是在一定规范指导下的行动，因此，理性选择理论应当对社会规范展开彻底的反思性、批判性研究。此外，理性选择理论不仅要分析个别行动者的行动，它也要能够从微观分析上升到宏观分析，这集中体现在对法人行动分析之中。其理论的可贵之处在于不仅对社会学的两大主题社会行为、社会系统作了较为有效的解释，也对解决社会学的理论困境和方法论争论做出了贡献。但他的理论也有一定的局限性，主要体现在未加限制地把目的理性扩展到经济行为以外的社会行为上，扩及宏观的社会系统研究上，必将产生一系列的问题和局限。

在当前的社会背景下，农民工虽然在城市中工作和生活，但是在身份上仍然是农民。因此，对农民工行为的研究与对农民行为的研究就具有很大的一致性。关于农民的行为是否理性的问题，学术界曾经进行了一场旷日持久的论战。例如，韦伯曾经指出，处于"传统主义"下的农民，其追求的并不是得到最多，而只是追求为得到够用而付出最少。由此可见，韦伯眼中的传统社会中的农民并不是现代经济学所说的追求利益最大化的理性行动者，因此他们的行为是非理性的。

然而，这种认为农民的行为属于非理性行为的看法受到了许多学者的批评。美国经济学家舒尔茨（T. W. Schultz）从理论和经济两个方面证明，农民和其他人一样都是理性的行为主体，而且小农作为"经济人"毫不逊色于任何资本主义企业家。美国学者波普金（S. Popkin）在《理性的小农》一书中指出，小农经营的农场与资本主义的"公司"非常相似，而作为政治行动者的小农与政治市场上的政治家非常相似。具体来讲，在对长期利益、短期利益及可能存在的风险因素进行综合权衡之后，小农会根据其对最大生产利益的追求做出合理的抉择，因此，他们被称为"理性的小农"。此外，还有许多经济学家和历史学家以"经济理性"来解释农民的经济行为。这些学者认为，农民具有与土地投资者一样的潜质，一旦有来自外部新的经济刺激，那么农民同样可以摆脱对他们的日常生活进行支配的"生存逻辑"的束缚，进而根据利益最大化原则开展理性选择行为。

这场关于农民的行为是否是理性行为的争论主要是在经济学的场面上展开的，因此这些学者自觉地把经济学"成本最小化"和"利益最大化"这两个原则作为判定农民的行为是否理性的标准。与经济学的"经济人"假设所不同的是，社会学强调人的行动受到来自社会环境和社会结构等各种非经济因素的制约，因此社会学视野中的人是"社会人"。在社会学的理性选择理论看来，所谓的理性选择行为其实就是各行为主体为了达到各自追求的目标，在一系列的社会关系交往或交换过程中所表现出来的各种社会性的选择行为与方式，这种具体的行为选择都是在综合考虑了对其目标实现有着主要影响的各种因素。尽管社会学家与经济学家们对人的理性有不同的认识和看法，但是他们都承认人的行动的目的性，即承认人们开展行动的目的是为了追求"利益"或者"效益"最大化。因此，经济学和社会学仍然坚持以行为的结果来看待行为本身是否是理性的。

随着市场经济体制的建立，市场观念已经深深植根于农民这个庞大的群体。也许相对于城镇居民而言，农民的理性意识要淡薄一些，但是，已经解决了基本生计问题的农民作为独立的经济决策主体，他们行为中所隐藏的理性成分是不容置疑的，对于他们所做出的最终选择都是在既定的前提约束条件下效率最优的行为选择。反映在农地流转问题上，一方面，他们对当前及未来的农地制度走向和政策预期不可能做到充分认知与理解，他们的认知了解程度受到多种因素的制约，如自身素质、生活阅历等；另一方面，他们对自己的农地流转行为将会产生的后果没有十分的把握，有时甚至可能事与愿违，但是，他们总是在可供选择的范围集合内，尽量选取自以为有利于达到目的的最优决策行为。所以，对于处于一定的经济环境条件下，自身内部条件并不优越的前提下，他们的退出选择一般是具有有限理性的。

2.2.5　农户决策理论

农户决策理论是指当农户在做出决策时判断是不是理性的以及对决策的特点来进行分析的一种理论。而在传统意义上讲到观念，是认为农户在传统的农业生产中决策是不慎重的，对于这个问题，舒尔茨主张，在生产资源的配置达到最优时，农户处理传统农业生产不是愚昧无知的，并且在成本、收益以及风险问题上是慎重的，因此农户是理性的经济主体。

当农户在做决策时会出现有限理性和效用理性，这一说法是由赫尔伯特·西蒙提出的。西蒙认为，一个人的理性都是有限的，这是因为一个人在做决策时，由于外部条件的不确定，以及收集和处理信息时产生的片面性，因此政策完全的理性是不会存在的。西蒙的有限性的假说论，表明了当人在产生交易费用的情况下，为了追求最大化收益，它必然会在一些相关约束条件下发生的。

农户在选择参与还是不参与农地流转时，必然会考虑收益和成本两方面的因素。中国的农民是理性的，而作为一个"理性经济人"他（他们）会根据自身拥有的条件和外部环境（制度、经济、环境）等进行综合考虑，追求自己效用的最大化，即所付出的成本最小，使其损失降到最低，收益尽可能的大。也就是说，农地流转的过程中不能让他们的利益受损，不能因农地流转降低其现有生活水平，否则他们不可能自愿参与到这个过程中来。

本书认为，农民农地流转决策行为是有限理性的，其行为目标不仅追求收益最大化，而且还包括追求就业、生活方式、社会地位等其他目标，其行为是追求多种目标的有限理性行为。

2.3 农地确权、农地流转与新型农业经营 主体发展的内在机理

从理论上来讲，产权的界定将有利于资源配置效率的提高。在存在一定的交易成本状况下，产权界定得越明晰，资源就越能够不受外部性的影响，进而能够自发地进行资源配置以至于达到帕累托最优；与此同时，产权界定得越明晰，其所花费的交易成本就越小。而在农地流转过程中同样如此，农户土地承包经营权的明晰确定将会提高农地产权的稳定性，进而使农地的转入和转出双方都增加了对土地投资的预期，并且在实际流转过程中以产权为严格的法律依据，节省交易费用，从而提高了土地的资源配置效率。而农地确权的本质就是农地产权界定，确权可以通过以下四条路径对农地流转产生传导影响。

1. 确权会提高流出农户对土地流转的价格预期，从而影响土地流转的最终成交面积。

2. 确权会增强承包地的产权强度，强化土地的物权保护，因此减少了交易中的不确定因素，降低交易成本，进而促进土地流转行为。

3. 确权会进一步保护农户的承包权利，承包农户因对土地依赖程度和家庭农业生产能力因素的差异对土地流转持不同心态，从这一点看，

确权会引发对流转的双面作用，既有促进，亦有抑制。

4. 确权会推动相关政策、制度的不断完善，如促进建立健全农地流转交易平台、完善和规范流转交易流程等，这些都能有效提升土地流转双方预期，进而助推土地流转（罗鹏，2017）。

通过农地流转，优化配置农地资源，实现土地规模化、集约化经营，是发展现代农业经营体系的必由之路。培育和发展新型农业经营主体，必须发展农地规模经营，发展农地规模经营就必须进行农地流转。农地流转能够促进农地资源的优化配置，是实现农业规模经营，构建新型农业经营体系的前提基础。而以"还权赋能"为核心的农地确权及农地"三权分置"则成为推动农地流转和新型农业经营主体发展的政策推手。通过确权赋能，优化农村土地权能结构，这是新型农业经营主体培育的首要前提。土地是新型农业经营主体实现农业适度规模经营的基础条件和基本要素。从农村内部来看，破解农村土地产权主体虚位、产权权能残缺和产权激励等问题，关键在于构造利于新型农业经营主体培育的土地权能结构。按照坚持所有权、稳定承包权、放活经营权、规范流转权、实现收益权、管住用途权的思路，通过确权赋能、健全流转机制实现农地适度规模经营格局（王国敏，2014）。

第3章 我国农地确权、农地流转及农业经营主体的演变

农地流转是农地产权制度的基本内容和改革方向，是农村多重转型在农地流转制度和农地产权制度改革的一种具体体现。农地流动和高效配置本质上是要求农地产权具有现实的可转让性、产权主体可充分自由行使产权的表现，而农地确权及"三权分置"则进一步促进了农地流转制度改革的深入。随着农村剩余劳动力的转移和农地流转，新型农业经营主体逐渐成为农地规模经营的主体。为深入分析农地确权、农地流转与新型农业经营主体之间的内在逻辑关系，有必要对其各自的历史演变历程进行梳理，以便从历史演化的视角分析其发展趋势。所以，本章主要内容包括三部分，分别为农地确权政策的发展历程、农地流转政策的发展历程及农业经营主体的演变过程。

3.1 农地确权政策的发展历程

我国农地确权工作可以追溯到新中国成立初期开始。从法规政策角度，我国农地确权政策发展可大致划分为五个阶段（丁玲，2016）。

第一阶段，明确产权主体。新中国成立后，1949 年 11 月，中央人民政府内务部正式成立地政司，主要负责农村土地改革、土地登记和土

地证的发放；1950 年，颁布《中华人民共和国土地改革法》正式实行农民土地所有制，改变新中国成立前的封建地主土地私有制为农民土地私有制度，农民均拥有完整的土地产权，由县级人民政府为其颁发土地房屋所有权证书。土改涉及农村的所有土地，主要是宅基地和耕地、园地，体现了政府通过颁证的方式来保护农民土地及房屋等的权益。

　　到 1953 年春，全国除一小部分少数民族地区外，土地改革都已完成，3 亿多无地少地的农民无偿地获得了土地。在土地分配方式上，"以乡或等于乡的行政村为单位，在原耕基础上，按土地数量、质量及其位置远近，用抽补调整方法按人口统一分配之。但区或县农民协会得在各乡或等于乡的各行政村之间，做某些必要的调剂。在地广人稀的地区，为便于耕种，亦得以乡以下的较小单位分配土地。乡与乡之间的交错土地，原属何乡农民耕种者，即划归该乡分配"。在确权方式上，"土地改革完成后，由人民政府发给土地所有证，并承认一切土地所有者自由经营、买卖及出租其土地的权利"。这一土地制度随着党在《中共中央关于农业生产互助合作的决议》和《中共中央关于发展农业生产合作社的决议》的指导下开展的农村互相合作运动，而逐渐向土地公有制度转变。农村土地从初级社到高级社再到人民公社的发展过程中，也改变了原来生产队的小部分所有制，发展成为集体所有，以土地等为代表的生产资料也跟随所有制的变化重新登记造册（刘海藩，2004）。

　　第二阶段，土地登记发证的初步建立。1986 年，中共中央、国务院颁布的《关于加强土地管理、强制乱占耕地的通知》突出全面清查非法占地的理念，要求各地登记和颁发证书给所有非农用地，建立和完善地籍管理制度，这是第一次土地登记发证。1987 年 10 月 4 日，国家土地管理局《关于加强地籍管理工作的通知》中认为，土地登记是依法对土地使用权和所有权提出申请，进行审批、注册登记，确认土地所有权和使用权，发放土地证书的法律程序。在 1987 年开展土地登记发证试点工作时，土地登记就被认为具有"保护国有土地使用者，集体土地所有者及其建设用地使用者的合法权益"的目的。随后，原国家土地管理局于1989年以制定、颁布《土地登记规则》为标志开始了我国土地总登记（包括农村土地）。土地登记申请者按规定的登记发证程序和要求申请土地颁证，县级以上人民政府土地管理部门审核、公告，根据地籍调查结果市、县人民政府颁发土地证书，但就政策执行效果而言，实际土地颁证与预计相差甚远，不够彻底（于建嵘，2012）。

第三阶段，土地登记制度的完善阶段。1988年冬季我国开始进行土地登记申报，由国有土地使用者、集体土地所有者和使用者在公告期限内自行申报，发证持续到1994年。"完善土地登记制度"的政策要求也于国务院1993年颁布的《关于一九九三年经济体制改革要点》中体现出来，同年农村和城镇土地资产登记都受到关注，取消了农村宅基地有偿使用费、农村宅基地超占费、土地登记费在农村的收取部分。原国家土地管理局于1995年补充和修改了《土地登记规则》，这一规则于1996年正式实行，标志着我国正式开始了对于农村宅基地的登记颁证工作（丁琳琳，2015）。

随后我国土地登记代理制度也开始试点。1997年，中共中央办公厅、国务院办公厅出台《关于进一步稳定和完善农村土地承包关系的通知》要求延长承包期后，乡镇一级政府要及时向农户颁发由县或县级以上人民政府统一印制的土地承包经营权证书，以确定农民30年的土地使用权。1998年，第九届全国人民代表大会常务委员会第四次会议修订颁布《土地管理法》，完善了土地登记制度，并在第14条规定，土地承包经营期限为30年。国土资源部于2000年在提出和建立健全土地登记可查询制度的基础上，开展了土地登记公开查询试点工作，又于2001年11月颁布《关于依法加快集体土地所有权登记发证工作的通知》，提出用3年时间实现土地所有权登记发证工作基本完成的目标。2002年8月，第九届全国人民代表大会常务委员会第二十九次会议通过了《农村土地承包法》，其明确要求村集体向农民发放正式的权利文件，土地承包合同和土地承包经营权证书；对土地发包方和承包方权利与义务、承包期限和承包合同、土地承包经营权流转做了严格规范，从法律上保护了农民的承包经营权，强化了农地使用权的排他性。2004 年，市、县国土资源管理部门要求加快农村宅基地登记发证工作的措施在《国务院关于深化改革严格土地管理的决定》中提出，同年 10 月 31 日，根据统计数据得到，国家初始宅基地登记发证率达到71.0%。2005 年，我国开展了土地更新调查和农用地分等定级与估价工作（薛凤蕊，2014）。

第四阶段，落实确权登记颁证阶段。2007 年，在第十届全国人大第五次会议上通过的《物权法》明确规定不动产登记制度。其中第 59 条第 1 款规定，农民集体所有的不动产和动产，属于本集体成员集体所有。"农民集体所有"的含义就是"本集体成员集体所有"，这在一定程度上解决了农民集体所有权主体虚位以及农民集体成员权利保护不力的问题。本集体成员依照法律的规定对属于集体所有的土地共同享有占有、使用、收益和处分的权利，这种所有权形态之下，本集体的每一个成员依成员权行使的规则来行使集体土地所有权，其中当然包括在集体土地所有权之上设立宅基地使用权这种权利负担。因此，对于农村宅基地权利确认应该走出一户一宅和所谓超过规定面积标准的禁锢，不管其面积大小或者宗地数量如何，做到只要宅基地使用权主体依法占有使用的宅基地，都应该按照农户逐一登记颁证，确认其土地使用权。

2008 年，党的十七届三中全会通过《关于推进农村改革发展若干重大问题的决定》指明了农村土地改革的方向，提出健全严格规范的农村土地管理制度，要求产权明晰、用途管制、节约集约、严格管理；搞好农村土地确权、登记、颁证工作，完善土地承包经营权权能，依法保障农民对承包土地的占有、使用、收益等权利；现有土地承包关系要保持稳定并长久不变。接着，国土资源部发行《土地登记办法》，增加了登记类别，明确土地权利证书是土地权利人享有土地权利的证明；改变登记程序，规范明确了登记效力等。

2009 年，中央一号文件《中共中央国务院关于 2009 年促进农业稳定发展农民持续增收的若干意见》提出强化对土地承包经营权的物权保护，做好集体土地所有权确权登记颁证工作，将权属落实到法定行使所有权的集体组织；稳步开展土地承包经营权登记试点，把承包地块的面积、空间位置和权属证书落实到农户，严禁借机调整土地承包关系，坚决禁止和纠正违法收回农民承包土地的行为，加快落实草原承包经营权制度。至此，农民土地承包经营权作为一种用益物权逐步受到法律保护。同年率先在辽宁、吉林、浙江、安徽、山东、湖北、云南等 8 个省份进行试点，拉开了我国新一轮土地确权登记颁证工作的序幕。

2010 年，为明晰农村集体土地产权主体，《中共中央、国务院关于加大统筹城乡发展力度进一步夯实农业农村发展基础的若干意见》中提出要继续做好土地承包管理工作，全面落实承包地块、面积、合同、证书"四到户"；扩大农村土地承包经营权登记的试点范围，保障必要的工作经费；加快农村集体土地所有权、宅基地使用权、集体建设用地使用权等确权登记颁证工作，工作经费纳入财政预算；力争用 3 年时间把农村集体土地所有权证确认到每个具有所有权的农民集体经济组织。

2011 年，农业部《关于开展农村土地承包经营权登记试点工作意见》中指出，确权工作要围绕查清地块面积和空间位置，建立健全登记簿，解决承包地块面积不准、四至不清、空间位置不明确等问题，把承包地块、面积、合同和权属证书真正落实到户，在相关方面依法赋予农民更有保障的权利。2011 年 3 月 16 日，"十二五"规划纲要提出，推进农村土地确权工作完善权能，保障与土地密切相关的行为主体农民的权利。自愿有偿和服务完备是两大基本点，促进土地的流转与活动，适度规模经营的发展也是十分必要的，并要求"永久基本农田需要集体划定，以维持其保有量"（刘冬，2017）。为加快推进农村集体土地确权登记发证工作，2011 年 5 月国土资源部、财政部与农业部联合下发《关于加快推进农村集体土地确权登记发证工作的通知》，提出加快农村集体土地所有权、宅基地使用权、集体建设用地使用权等确权登记发证工作，力争到 2012 年底把全国范围内的农村集体土地所有权确认到每个具有所有权的集体经济组织，做到农村集体土地确权登记发证全覆盖。同年 11 月，国土资源部、中央农村工作领导小组办公室、财政部、农业部联合下发《关于农村集体土地确权登记发证的若干意见》，对发证范围、法律依据、所有权主体代表、规范确认宅基地使用权主体、严格禁止通过土地登记将违法违规用地合法化等，提出了有针对性的政策措施，提高了土地确权的规范性和可操作性。

2012 年，中央一号文件《关于加快推进农业科技创新持续增强农产品供给保障能力的若干意见》提出，2012 年基本完成覆盖农村集体各类土地的所有权登记颁证，推进包括农户宅基地在内的农村集体建设用地使用权确权登记颁证工作，稳步扩大农村土地承包经营权登记试点，财政适当补助工作经费。接着，为规范土地确权登记程序、保障土地交易安全，国土资源部下发了《关于规范土地登记的意见》。同年制定《农村集体土地所有权确权登记发证成果检查验收方法》，规范了统一检查验收的程序、内容和方法，保证了农村集体土地所有权确权登记的质量（薛凤蕊，2014）。

第五阶段是农地确权的重要发展阶段。2013 年，中央一号文件《中共中央、国务院关于加快发展现代农业进一步增强农村发展活力的若干意见》提出，全面开展农村土地确权登记颁证工作；健全农村土地承包经营权登记制度，强化对农村耕地、林地等各类土地承包经营权的物权保护；目标是用 5 年时间基本完成农村土地承包经营权确权登记颁证工作，妥善解决农户承包地块面积、边界模糊等问题；农村土地确权登记颁证工作经费纳入地方财政预算，中央财政予以补助；深化集体林权制度改革，提高林权证发证率和到户率；加快推进牧区草原承包工作，启动牧区草原承包经营权确权登记颁证试点；依法征收农民集体所有土地，要提高农民在土地增值收益中的分配比例，确保被征地农民生活水平有提高、长远生计有保障。进一步明确了政策推进的时间表（黄振华，2017）。此外，2013 年末，中共十八届三中全会也明确要求：依法维护农民土地承包经营权，稳定农村土地承包关系并保持长久不变；赋予农民对承包地占有、使用、收益、流转及承包经营权抵押、担保权能。这就从法律高度赋予了农村承包土地更多的财产权能。这一年土地确权试点扩大到 105 个县，为全面铺开农村土地承包经营权确权登记颁证工作铺路。

2014 年 11 月，中共中央、国务院《关于引导农村土地经营权有序流转发展农业适度规模经营的意见》中提出，切实维护妇女的土地承包权益。要保证土地承包经营权确权登记颁证工作切实推进的要求，并且提出要加大土地承包经营权确权颁证工作的试点范围，进一步提出，推进土地承包经营权确权登记颁证工作和在稳步扩大试点的基础上用五年时间基本完成土地承包经营权确权等级颁证工作，妥善解决农户承包地面积不准、四至不清的问题。意见强调，切实加强组织领导，抓紧抓实农村土地承包经营权确权登记颁证工作，充分依靠农民群众自主协商解决工作中遇到的矛盾和问题，可以确权确地，也可以确权不确地。就农村承包土地确权可能遇到的具体问题，提出了确权的两种模式，所谓确权确股不确地，是在珠海、深圳等珠三角地区实施的农民承包地确权登记模式，这一模式下，农民不再拥有数量确切、四至清楚的土地，而是获得由集体土地资源、资产等量化计算出的股份，通过拥有的股份获得相应收益。因此全国 1988 个县（市、区）到 2014 年底全面开展了此项试点，试点面积覆盖了 0.22 亿公顷。

为了进一步试点调研，全国又于 2015 年新增 9 个整省试点，并考虑衔接确权登记颁证工作与不动产统一登记，促进确权登记颁证信息应用平台建设的加快。2015 年，中央一号文件《关于加大改革创新力度加快农业现代化建设的若干意见》明确，对土地等资源性资产，重点是抓紧抓实土地承包经营权确权登记颁证工作，扩大整省推进试点范围，总体上要确地到户，从严掌握确权确股不确地的范围。将农村土地确权的两种模式调整为主次关系，要求总体上要确地到户。

2015 年 1 月 27 日，农业部、中央农村工作领导小组办公室、财政部、国土资源部、国务院法制办、国家档案局六单位联合下发《关于认真做好农村土地承包经营权确权登记颁证工作的意见》，就这一问题做了更详细的规定，对农村土地已经承包到户的，都要确权到户到地。实行确权确股不确地的条件和程序由省级人民政府有关部门做出规定，切实保障农民土地承包权益。不得违背农民意愿，行政推动确权确股不确地，也不得简单地以少数服从多数的名义，强迫不愿确股的农民确股。其中涉及的主要问题包括土地承包关系的稳定、强调农民的主体性、地方分级负责工作开展、推进信息化数据建设、创新方式方法等。2015 年，进行 3 个整省和 27 个部分省试点的基础上，选择了江苏、江西、湖北、湖南、甘肃、宁夏、吉林、贵州、河南等 9 个省（区）开展整省试点。其他省（区、市）根据本地情况，扩大开展以县为单位的整体试点。

2016 年 4 月 18 日，农业部、财政部、国土资源部、国家测绘地理信息局联合下发通知，围绕进一步做好确权有关工作提出了几点要求，包括加快工作进度、确保落实到户、信息规范准确、强化过程监督、实现数据库统计、妥善处理冲突等十个方面。通知要求各地依据《农村土地承包经营权调查规程》等技术标准开展工作，对单位地块的位置、四至、面积和归属予以明确，力求内容统一、信息完备。2016 年 10 月，中共中央办公厅、国务院办公厅印发《关于完善农村土地所有权承包权经营权分置办法的意见》，明确提出农村土地所有权、承包权、经营权分置的农村土地产权制度。2016 年，中央一号文件《关于落实发展新理念加快农业现代化实现全面小康目标的若干意见》指出，到 2020 年基本完成土地等农村集体资源性资产确权登记颁证、经营性资产折股量化到本集体经济组织成员，健全非经营性资产集体统一运营管理机制。稳定农村土地承包关系，落实集体所有权，稳定农户承包权，放活土地经营权，完善"三权分置"办法，明确农村土地承包关系长久不变的具体规定。继续扩大农村承包地确权登记颁证整省推进试点。

2017 年 2 月 5 日，《中共中央、国务院关于深入推进农业供给侧结构性改革加快培育农业农村发展新功能的若干意见》发布，其中第 30 条提及了农村集体产权制度改革，内容主要包括：在农地问题上，实现集体所有权、农户承包权、土地经营权"三权分置"的真正落实。在工作范围上，扩大至整省试点，一并推进农地征收、入市、宅基地改革的相关试点。确权工作要"房地一体"，保障农户宅基地用益物权，防止外部资本的侵占控制，维护农户宅基地占有权和使用权，发现出租、合作等有效方式，对空闲农房及宅基地进行盘活，灵活使用，使农民收入增高。此外，在筹集资金方面，鼓励多渠道发展，部分农民进城落户，则应依照有关对项，予以补偿，加快法律法规方面的建设与完善（刘冬，2017）。

2018 年，中央一号文件《关于实施乡村振兴战略的意见》中明确，落实农村土地承包关系稳定并长久不变政策，在第二轮土地承包到期后，再延长 30 年；全面完成农村土地承包经营权的确权登记颁证工作；进一步完善农村承包地"三权分置"制度。要在坚持落实集体土地所有权、稳定农户土地承包权前提下，平等保护土地经营权。3 月 13 日，十三届全国人大机构改革方案将中央农办的职责，农业部的职责，以及发改、财政、国土、水利等部门的农业投资建设项目管理职责整合，组建农业农村部，作为国务院组成部门。原农业部的草原资源调查和确权登记管理职责，国家林业局的森林、湿地等资源调查和确权登记管理职责交由自然资源部。

3.2　我国农地流转的发展历程

　　土地流转政策是我国土地制度的重要组成部分，不断完善土地流转政策，深化农村土地制度改革，促进城乡融合发展，是实施乡村振兴战略的必然选择。新中国成立以来，中央发布的农村土地流转相关政策，为解决不同发展时期的三农问题提供了新的路径选择。

　　至今为止，我国农村土地流转政策的演进经过了"不被禁止—禁止—萌芽—法制化—鼓励—完善"六个阶段：第一阶段（1950~1956 年），从土地改革到社会主义改造，农村土地经历了从农民私有到集体所有的过渡期，农村土地流转未被禁止。第二阶段（1957~1982 年），土地公有制时期，农村土地流转被禁止；第三阶段（1983~2000 年），农村土地流转被允许，政策逐渐增多，土地流转出现萌芽；第四阶段（2001~2007 年），农村土地流转更加制度化和明朗化；第五阶段（2008~2013 年），农村土地流转受到政策上的鼓励，不断出台的相关法律法规及配套政策，为农地流转提供了政策的保障与法律的支持；第六阶段（2013 年至今），随着农村土地流转的市场化和政策的明朗化，土地流转制度结构日趋完善。

　　第一阶段，农村土地流转不被禁止时期（1950~1956 年）。

　　1950 年 6 月，中央人民政府颁布施行《中华人民共和国土地改革法》。《土地改革法》力图废除地主阶级的土地私有制，实行农民土地所有制，以解放农村生产力，发展农业生产，为新中国的工业化开辟道路。《土地改革法》第 30 条规定，土地改革完成后，由人民政府发给土地所有证，并承认一切土地所有者自由经营、买卖及出租其土地的权利。土地制度改革以前的土地契约，一律作废。土地改革摧毁了地主阶级，建立了农民土地私有制度，拥有土地所有证的农民，不仅获得了种植土地的权利，还拥有了对土地自由经营、买卖和出租的权利，基本满足了农民对土地的需求。但是，土改后出现了农田闲置、土地种植分散等社会问题，小农经济分散，国民经济落后，农民贫困、落后的局面没有得到根本性的转变。

基于上述问题，1953 年 12 月，中共中央发布《关于发展农业生产合作社的决议》，国家开始实行农业合作化的土地制度。截至 1956 年底，全国约有 87.8% 的农户加入了高级合作社。尽管农民土地私有制改造为以公有制为基础的农业合作过程，即土地集体化，但自愿退出或被取消社员资格的农民，离开集体时可以收回原有土地或获得同等数量和质量的土地。因此，对没有入社或退社的农民来说，农村土地流转行为没有被禁止。

总体来看，新中国成立后的七年间，农村土地流转的概念虽然没有被明确提出，但政策上并没有反对农民的土地流转行为。

第二阶段，禁止农村土地流转时期（1957～1982 年）。

1956 年三大改造完成后，公有制的土地制度基本建立。

1958～1978 年，人民公社化运动将农民的私有土地收归公有，个体农民与土地不存在法律上的产权关系，对土地的自由经营、买卖和出租的权利也不可能实现，农村土地流转被禁止。[①] 人民公社化不仅没有从根本上解决农民的贫困问题，还打击了农民的生产积极性，阻碍了农村生产力的发展。直至 1978 年，为了解决温饱问题，凤阳县小岗生产队的 18 户农民搞起了"大包干"，开创了家庭联产承包责任制的先河。包产到户、包干到户等社会主义生产责任制成为社会主义农业经济的组成部分。

1982 年，《中华人民共和国宪法》第 10 条规定，农村和城市郊区的土地，除由法律规定属于国家所有的以外，属于集体所有；宅基地和自

---

① 杨群. 土地流转的变迁及发展趋势［J］. 生态经济, 2011 (12): 58-61.

留地、自留山，也属于集体所有。《宪法》还规定，任何组织或者个人不得侵占、买卖、出租或者以其他形式非法转让土地。至此，《宪法》明确规定了农民只拥有土地使用权，土地流转属于非法行为。相关法律政策提及了土地所有权的归属问题，但仍然没有明确的土地流转概念。

第三阶段，农村土地流转萌芽时期（1983～2000 年）。

1983 年底，家庭承包经营的土地面积占耕地总面积的 97%，实现了土地所有权与经营权的分离，在农地集体所有权的基础上保证了农民的独立经营权。农民在生活中为了方便或利益偶尔相互交换土地，农地流转出现萌芽，方式单一、灵活，缺少政策支持。

1984 年，中央一号文件《中共中央关于一九八四年农村工作的通知》明确提出延长土地承包期为 15 年以上，鼓励土地逐步向种田能手集中，对农民向土地的投资给予合理补偿。但在承包期内，农民必须经集体同意后，才能自找转包对象进行协商，且农地流转后个体不能擅自改变土地原有用途。此时的农地流转被允许，但必须具备一定的条件。

1986 年，《中华人民共和国土地管理法》出台，明确了土地所有权与使用权的权属问题，且明确规定，任何单位和个人不得侵占、买卖或者以其他形式非法转让土地，土地使用权可以依法转让。① 土地流转在法律层面上得到了允许。该法还规定国有土地和集体所有的土地可以由单位或个人承包经营，从事种植业、林业、畜牧业、渔业生产，并延长集体所有的土地的承包经营期限为 30 年。

1988 年，第七届全国人大常委会修正 1982 年《宪法》规定，任何组织或者个人不得侵占、买卖或者以其他形式非法转让土地。土地的使用权可以依照法律的规定转让。此次修改为农地合理流转提供了法律依据。

---

① 中华人民共和国土地管理法 [EB/OL]. (2000 - 12 - 06) [2018 - 10 - 18] http://www.npc.gov.cn/wxzl/gongbao/2000 - 12/06/content_5004471.htm.

1993 年，中共中央、国务院的 11 号文件提出，在原定的耕地承包期到期之后，再延长 30 年不变。该文件强调具备一定现实条件，并在农民自愿的基础上，可以实行适度的规模经营。1997 年，《关于进一步稳定和完善农村土地承包关系的通知》明确了家庭土地承包经营的期限是在第一轮承包到期后再延长 30 年，在承包期内，农地使用权的流转要建立在农民自愿、有偿的基础之上，不得搞强迫命令和平调。

这一时期实现了土地所有权与经营权的分离，农民土地承包期延长至 30 年。在承包期内，农民可以对土地使用权进行转让，农村土地流转处于萌芽时期。

第四阶段，农村土地流转法制化时期（2001～2007 年）。

2001 年，中央 18 号文件《中共中央关于做好农户承包地使用权流转工作的通知》，是中共中央首次就农户承包地使用权流转问题专门发布文件，并表明农地流转是农业发展的客观要求，符合党的一贯政策，对合理的农地流转行为给予了肯定。同时，文件强调农地流转要在长期稳定家庭承包经营制度的前提下进行，且必须坚持依法、自愿、有偿原则。

2002 年通过的《中华人民共和国农村土地承包法》，赋予了农民长期而有保障的土地承包经营权。第 2 章第 5 节专门谈及了土地承包经营权的流转相关内容，并表明农地流转的方式可以为转包、出租、互换、转让或者其他方式。《农村土地承包法》为农地流转的实践提供了法律层面的保护。

2005 年，中央一号文件《中共中央、国务院关于进一步加强农村工作提高农业综合能力若干政策的意见》表示，要认真贯彻执行农村土地承包政策，指出对农村存在的强迫农户流转承包地等问题，要全面检查、予以纠正，妥善处理土地承包纠纷，尊重和保障农户及外出农民土地承包权和使用权。该文件强调，农地流转必须在农户自愿、有偿的前提下依法进行，不能片面追求土地集中。同时，为规范农地流转行为，保障流转当事人合法权益，2005年，农业部通过并施行《农村土地承包经营权流转管理办法》，其中不仅明确表示了农地流转前平等协商、依法、自愿、有偿的原则，还对流转时当事人、流转合同、流转管理等方面做了相应规定，并强调了农地流转后农业用途不得改变，流转期限不得超过承包期的剩余期限等原则，以及再次提及了农地流转的方式。①但依旧没有对其他符合法律和国家政策的流转方式进行详细说明，也没有界定转包、出租、互换、转让这4种流转方式的相应内涵及异同。

2006年、2007年，中央一号文件《中共中央、国务院关于推进社会主义新农村建设的若干意见》和《中共中央、国务院关于积极发展现代农业扎实推进社会主义新农村建设的若干意见》，都指出要健全农地流转机制，规范农地流转实践，有条件的地方可发展多种形式的适度规模经营。2007年实施的《中华人民共和国物权法》承认了土地承包经营权的物权性质，并区分了不同类型的土地承包期限，提及了农地流转的入股、抵押等方式，为土地承包经营权流转提供了更为详细的法律依据。

随着农村土地承包经营权流转的相关政策与理论不断完善和丰富，地方政府农地流转实践进程加快，农村土地的使用权流转进入了市场化阶段。

第五阶段，鼓励农村土地流转时期（2008～2012年）。

2008年，十七届三中全会审议通过了《中共中央关于推进农村改革发展若干重大问题的决定》，在政策层面上对农村土地使用权流转的条件、原则、方式等进行了较为详细的说明。《决定》指出，加强土地承包经营权流转管理和服务，建立健全土地承包经营权流转市场，按照依法自愿有偿原则，允许农民以转包、出租、互换、转让、股份合作等形

---

① 农业部.农村土地承包经营权流转管理办法［EB/OL］.（2017－11－02）［2018－10－18］http：//www.npc.gov.cn/npc/lfzt/rlyw/2017－11/02/content_2031276.htm.

式流转土地承包经营权，发展多种形式的适度规模经营。土地承包经营权流转，不得改变土地集体所有性质，不得改变土地用途，不得损害农民土地承包权益。流转后的土地，承包权依旧归农户，所有权归集体，经营权归受让方，且农地只能依旧用于发展农业。自此，有关农地流转的法律法规及配套政策不断出台，为农地流转提供了政策的保障与法律的支持。

2009 年，中央一号文件《中共中央、国务院关于 2009 年促进农业稳定发展农民持续增收的若干意见》，不仅肯定了对农村土地承包经营权流转的探索，还鼓励了地方政府发展农村土地承包经营权流转服务工作，更为重要的是提出了建立健全农村土地流转市场这一农地流转的发展方向。

2010 年，中央一号文件同样明确指出，要健全土地流转市场，发展多种形式的适度规模经营。农村土地流转将更加制度化和明朗化。

第六阶段，农村土地流转制度结构完善时期（2013 年至今）

2013 年，中央一号文件是新形势下全面深化改革的纲领性文件，标志着中国改革开放进入新阶段。文件专门指出赋予农民更多的财产权利，"建立农村产权流转交易市场，推动农村产权流转交易公开、公正、规范运行。"该文件保障了农民的土地权益，使得农民可以从土地解放，有机会转移至二、三产业，进而扩大农业生产规模，提高土地收益，加进农村经济体制改革。这一年，习近平总书记在中央农村工作会议上提出"三权分置"概念。过去农村土地所有权和农民土地承包权"两权分置"的土地制度，不仅在实践上得到了创新，也在国家政策和制度上得到了改变。

2014 年 11 月，为引导农村土地经营权有序流转，中共中央办公厅、国务院办公厅印发《关于引导农村土地经营权有序流转发展农业适度规模经营的意见》，《意见》指出要鼓励创新土地流转形式、严格规范土地流转行为、加强土地流转管理与服务，对农村土地流转方式、价格、期限等做了较为具体的说明，并明确规定了农地流转的收益归承包农户所有。至此，农村土地流转实现了所有权归集体，经营权归受让方，收益权归承包户的"三权分置"模式。

　　随着农村土地流转的鼓励政策不断出台，农村劳动力持续转移，农村改革不断深化，农户土地经营权流转交易需求明显增长，出现了各地农地产权流转交易市场发展不平衡、运行不顺畅等问题，为保障农民财产权益，提高农村要素资源配置和利用效率，加快推进农业现代化，2015 年 1 月，国务院办公厅发布《国务院办公厅关于引导农村产权流转交易市场健康发展的意见》，该《意见》明确了农村产权流转交易市场的定位和形式、运行和监管、保障措施。同年 8 月，国务院发布《关于开展农村承包土地的经营权和农民住房财产权抵押贷款试点的指导意见》，明确提出按照所有权、承包权、经营权"三权分置"和经营权流转有关要求，以落实农村土地的用益物权、赋予农民更多财产权利为出发点，深化农村金融改革创新。11 月印发并实施的《深化农村改革综合性实施方案》提出，农村土地承包关系保持稳定并长久不变，并强调落实集体所有权，稳定农户承包权，放活土地经营权，农村土地实行"三权分置"。

　　农村土地流转改革在法律法规和政策中不断地得以规范化，有效避免了因法律法规不健全、概念解释不清楚造成的不必要矛盾与纠纷。

　　为进一步健全农村产权制度，2016 年 10 月，中共中央办公厅、国务院办公厅印发并实施了《关于完善农村土地所有权承包权经营权分置办法的意见》，明确指出要顺应农民保留土地承包权、流转土地经营权的意愿，并将土地承包经营权分为承包权和经营权，实行所有权、承包权、经营权分置并行，即经营权从承包权中分离出来了，并可以自由流转，农地流转后，农民依然是土地承包的主体。消除了农民对土地流转后权利归属问题的担忧。

　　2017 年，中央一号文件《中共中央、国务院关于深入推进农业供给侧结构性改革加快培育农业发展新动能的若干意见》提出，进一步落实农村土地"三权分置"，加快土地流转进行适度经营，推进两权抵押贷款试点。这一年，全国耕地的确权基本完成。2018 年，中央一号文件《中共中央、国务院关于实施乡村振兴战略的意见》指出，落实农村土地承包关系稳定并长久不变政策，衔接落实好第二轮土地承包到期后再延长 30 年的政策。完善农村承包地"三权分置"制度，在依法保护集体土地所有权和农户承包权前提下，平等保护土地经营权。随着 2018 年土地确权、农村土地三项改革试点和土地管理法修订的完成，农村土地流转制度日趋完善，将开启新的黄金时代。

2013 年以来，中央政策不断提出建立农村土地流转市场、所有权、承包权、经营权"三权分置"等土地流转相关概念，土地流转的法律法规不断健全，制度结构日趋完善。

新中国成立以来，农村土地流转经历了禁止、允许、鼓励发展等时期。伴随着家庭联产承包责任制框架下农村土地所有权与承包经营权的分离，农村土地流转制度结构日趋完善，实现了所有权、承包权、经营权"三权分离"，经营权可流转且不改变承包关系的新格局。

3.3　我国农业经营主体的历史演变

农业经营主体，是指从事种植、林、牧、副、渔业经营的农户（农村承包经营户、家庭农场）、农民合作经营组织、农村集体经济组织、农业企业和其他从事农业经营的主体（刘雪梅，2014）。农业经营主体的演变是农业经营体系不断变化、农村土地制度不断变革的结果。新中国成立之前，我国沿用的是两千多年的封建土地私有制和自给自足小农经营的体制，农民生产力低下，农产品市场化程度低；新中国成立之初，土地改革变地主土地私有为农民所有，农业经营主体也随之改变；

在分散的农民生产无法满足现实需要时，建立农业合作社发展集体经济，农业经营主体也由个体农户转变为农民集体。改革开放之后，农业的规模化、产业化经营成为大势所趋，农民专业合作社、农业龙头企业、家庭农场、专业大户等新型农业经营主体在政策的支持下成长起来。2013 年，中央一号文件指出，增加农业补贴资金规模……向专业大户、家庭农场、农民合作社等新型生产经营主体倾斜。在工业化、城镇化的带动下，农业经营体系也在家庭经营这一基本形式的基础上，延伸出多种多样的经营形式，农业经营主体也由原来单一的个体农户变得更为多样。

第一阶段，改革开放之前。

1. 私有经营的家庭（1949～1953 年）。土地是农业生产中最基本的生产资料，土地所有权的变化影响着农业经营主体的变化。新中国成立之前，占总人口 5% 的地主拥有着全国近 40% 的耕地，广大的农民无地、少地，严重制约了农业的发展。1947 年 9 月，新中国成立前夕，中国共产党在河北省石家庄市西柏坡村召开全国土地会议，会议通过了《中国土地法大纲》，将地主拥有的大量耕地分给了贫下中农，实现了"耕者有其田"。这一时期的土地改革并没有改变土地的私有制，但农业经营的主体由地主变成了广大的农民及其家庭。

1953 年，土地改革基本完成，政府承认一切土地所有者自由经营、买卖及出租其土地的权利，农民的生产积极性被极大地调动起来，农业生产力获得了解放。据统计，1951 年全国粮食产量较 1949 年增加了28%，1952 年较 1949 年增加了 40%，农业经济获得了快速发展。

然而，以一家一户为主体的传统农业经营模式，仍然无法摆脱中国几千年来的"小农经营"，极易出现两极分化。允许土地的自由买卖让一部分先富起来的农户开始扩大经营，而相对落后的农户则开始卖地，农村的贫富差距在逐渐拉大。因此，为了防止重蹈大地主的覆辙，党中央发出了建立农业生产合作社的号召。

2. 农民集体（1953～1978 年）。土地改革发挥了农民"个体经济积极性"，但仅仅依靠农民自身的力量无法完成庞大的农业生产活动，农民在生产经营中不可避免的需要外界力量的帮助，因此，土地改革后农民还需要"劳动互助积极性"。1953～1978 年，我国开始进行农业社会主义改造，经历了从农业生产互助组到初级农业合作社再到高级农业合作社的过程，土地经营权由农民转变为集体，农业经营的主体也从个体农户变为农民集体。

1953 年 12 月，为保障国家工业化发展所需，中共中央发布《关于发展农业经营合作社的决议》，标志着农业生产初级合作社的建立。农业初级合作社仍然保持农民土地私有制，但农户已经失去了对土地的自主经营权和分配权，他们将土地以入股的形式交给农业合作社统一经营、按股分红，劳动成果也由社里统一按劳分配。到 1955 年底，全国已发展初级社 109.5 万人，入社农户 7545 万，占总农户的 63.3%。

在初级社在部分地区实行了短短的 2～3 年时间后，1955 年夏，整个农村大地被一场以普遍建立高级社为目标的"社会主义高潮"所笼罩，很多初级社发展还不成熟的地区一步迈入了高级社。这种只追求速度不看质量的冒进背离了建立合作社的初衷，导致农民的部分经济利益受损，农业发展速度放缓。

1956 年，农业高级合作化已经完成。至 1956 年底，参加农业合作社的农户已经占总农户的 96.3%，其中参加高级社的农户，占全国农户总数的 88%。1958 年 7 月 1 日，《红旗》杂志第 3 期《全新的社会，全新的人》一文中，首次提到"人民公社"的概念。人民公社实行"政社合一"体制，其主要特点就是"经营规模大""公有化程度高"（于金富，2017）。单一的公有化、过度的平均化使得公社内的农户丧失了生产积极性，集体生产率低下，农业发展缓慢甚至停滞不前。

从 1949 年新中国成立，到 1978 年改革开放，这一时期是农业社会主义改造的探索时期。一方面，新中国成立之初的土地改革废除了封建的地主土地所有制，建立农民土地私有制，以农户家庭为经营主体极大地鼓舞了农民的生产积极性。另一方面，在农业合作化时期，初级社、人民公社的建立有政策强制的意味，违背了自愿互利的原则，造成了农业生产的萧条，农民的基本温饱甚至无法得到满足。因此，家庭作为一个经营主体而不仅仅是一个单纯消费单位的观点被重新提出。

第二阶段，改革开放之后。

1. 农户家庭（农村土地承包经营户）（1978 年）。人民公社运动中想要走合作化、集体化的道路带来了许多弊端，1978 年的十一届三中全会拉开了农村改革的序幕。家庭联产承包责任制的推行使农业经营主体由农民集体回归到了农户家庭，其特点是"土地集体所有，农民分散占有，农民独立经营"，即将土地的所有权与占有权、经营权分离，在土地集体所有的基础上由农户自主承包、自主经营。这一制度以统一经营与分散经营相结合为原则，充分发挥了集体的优越性和农民个体的能动性，农业生产力获得快速提升（见表 3 - 1）。

表 3 - 1　　　　　　1957 年与 1978 年主要农产品产量对比

	人均占有粮食产量	人均占有棉花数量	人均占有油料数量	人均分配口粮
1957 年	306.0 公斤	2.6 公斤	6.6 公斤	203 公斤
1978 年	318.7 公斤	2.3 公斤	5.1 公斤	208 公斤
增长量	12.7 公斤	-0.3 公斤	-0.5 公斤	5 公斤
年均增长量	635 克	—	—	250 克

资料来源：陈锡文、赵阳、陈剑波、罗丹主编：《中国农村制度变迁 60 年》，人民出版社 2009 年版，第 19 页。

在实行家庭联产承包责任制短短的几年时间里，主要农产品产量大幅度增长，农民家庭人均纯收入逐年增加（见表 3 - 2 和表 3 - 3），基本解决了人民的温饱问题，结束了我国长期以来农产品供给不足的局面，实现了粮食总量的供需平衡。但随着农业现代化的发展，农户承包土地的经营方式也面临挑战。农户分散、小型经营、土地所有权不明确等问题使得农户生产成本高，在市场竞争中处于劣势，小农户与大市场的矛盾愈加凸显（钟真，2018），"农业产业化"的概念由此诞生。

表 3-2　　　　　　　　　**各年份主要农产品产量**　　　　　　　　单位：万吨

年份	粮食	棉花	油料
1965	19453	209.8	362.5
1978	30477	216.7	521.8
1979	33212	220.7	643.5
1980	32056	270.7	769.1
1981	32502	296.0	1020.5

资料来源：1981年《中国农业统计年鉴》，主要农产品产量，第143~146页。

表 3-3　　　　**1978~1981年农民家庭平均每人纯收入及其来源**　　　　单位：元

平均每人纯收入	1978年	1979年	1980年	1981年
从集体得到的收入	133.57	160.17	191.33	223.44
家庭副业纯收入	88.53	101.97	108.37	116.20
其他非借贷性收入	35.79	44.00	62.55	84.52

资料来源：1981年《中国农业统计年鉴》，农民家庭收支抽样调查资料，第431~434页。

2. 农业企业（1993年）。20世纪90年代初，山东省率先提出了"农业产业化"的概念。农业产业化的主要目的就是解决农产品的产销问题，让农户通过企业等中间商与市场进行对接，实现产供销一体化。由此，以农业企业为核心，形成了"公司+农户""公司+中介组织+农户""公司+合作社+农户"等多种经营模式。农户与农业公司签订合同，农户提供土地，负责种植、收获等，农业公司负责提供饲料、技术、种子等原料，并按一定的价格收购农产品，从而实现了农户的小经营与大市场的对接。

在农业产业化过程中，农业企业起到了连接农户与市场的枢纽作用，他们通过市场信息、技术手段等优势，在与农户的合作经营中常常处于上峰，导致部分农民在利益分配中处于劣势，甚至出现农业企业侵犯农民利益的现象，成立农民的专业合作社、增强农民话语权的呼声也越来越高。

3. 农民专业合作社。20 世纪 90 年代后，农民自发成立的合作社开始出现，但并未得到党中央的高度重视。进入 21 世纪后，为促进我国农业的发展，党中央开始把发展农民合作经营作为"三农"工作理论和政策的重要组成部分。2006 年 10 月，《中华人民共和国农民专业合作社法》颁布并于 2007 年开始施行。该法自施行以来，注册登记的合作社数量呈"爆发式"增长。截至 2017 年 7 月底，在工商部门登记的农民专业合作社达到 193.3 万家，是 2007 年底的 74 倍，年均增长 60%；实有入社农户超过 1 亿户，约占全国农户总数的 46.8%。

在农民专业合作社发展的十年时间里，合作社数量庞大，不可否认其对小农户对接市场、增强农户市场竞争力具有一定的作用，在发展的初期产生过一定的积极影响，但由于农民专业合作社注册门槛低、社员个体差异大等因素，"假合作社""投机型合作社""关系庇护""精英俘获"等现象层出不穷（于战平，2017），合作社成为少数人用以谋取私人利益的手段。具有真正发展潜力、发展意愿强的"真合作社"发展困难，资金短缺，不得不借助于农业公司、龙头企业的扶持，从而回归到"公司 + 农户"的契约农业模式，政府对于合作社的政策利好并没有惠及农民。为克服农民专业合作社发展中的问题，许多农民专业合作社基于优势互补、扬长避短原则，探索建立农民专业合作社联合社的路径。

农民专业合作社联合社成员不仅包括种养业合作社、土地股份合作社和农机、植保等农业服务合作社，往往还有家庭农场、农业产业化龙头企业甚至与农民专业合作社联合社具有业务联系的农产品/农资经销企业（姜长云，2017）。多种类型经营主体加入形成的联合社规模大、功能多、做到优势互补，彼此之间也产生了一定的制约。但联合社的发展也存在一定的问题。由于其社员冗杂、功能分区不清，容易产生利益分配不均等诸多问题。此时，一些善于经营、懂管理的专业大户成为政策扶持的重点。

4. 家庭农场、专业大户。2013 年，专业大户、家庭农场被作为新型农业经营主体的重要类型在当年的中央一号文件中得到强调。该文件提出，坚持依法自愿有偿的原则，引导农村土地承包经营权有序流转，鼓励和支持承包土地向专业大户、家庭农场、农民合作社流转，发展多种形式的适度规模经营。2014 年，农业部还专门出台了《农业部关于促进家庭农场发展的指导意见》，家庭农场的迅速兴起与发展已成为解决农村"谁来种地"和推进土地规模化经营、加快农业产业化发展的现代农业新型经营主体。截至 2016 年，我国共有符合统计标准的家庭农场120 多万个，经营耕地面积 1.98 亿亩，平均经营规模约 210 亩，户均年收入为 15 万~25 万元（何劲，祁春节，2018）。

家庭农场具有经营规模较大、专业化和商品化程度高、经营管理能力强、对外联系更便利等优势，有利于克服"小而全""小而散"的农户家庭经营的局限性，许多家庭农场往往还具有较强的面向周边农户提供农业生产性服务的能力。但由于农村金融支持不足、要素成本上升较快、农村土地流转稳定性差、基础设施条件差、专业人才匮乏等不足，家庭农场的发展提升受到制约，规模难以扩大，转型升级面临困境。因此，部分学者提出了"家庭农场 + 合作社""家庭农场 + 农业企业"等联合带动的经营模式。

当家庭农场与合作社相结合时，家庭农场的负责人相对于工商资本家来说与普通农户的联结更亲密，因为部分家庭农场的经营者就是从普通农户中成长起来的，所以他们更能理解相互的需求，带动整个合作社的发展。刘绍吉（2018）在研究云南省家庭农场与农业合作社的关系时认为难以将土地集中连片，制约着家庭农场的发展，但农业合作社可以扩大土地经营规模，从而弥补家庭农场的短板。当家庭农场与龙头企业相结合时，家庭农场依托龙头企业技术、资金、人才等方面的支持，实现自我转型升级，产业链纵向延伸，发展"生态绿色农业""循环农业"
"生物农业""太空农业""精品农业""休闲农业""智能农业"等
（温锐，闵桂林，2018）。家庭农场可以为龙头企业提供稳定的原料，保
证初级农产品的稳定供给并保证了质量，两者互为补充，利益共享。

　　改革开放之后，经过 40 年的发展，中国农业的经营主体已经由改
革初期相对同质性的农户家庭经营占主导的格局转变为现阶段的多类型
经营主体并存的格局。但任何一个经营主体的作用都不是完美的，相对
于普通农户来说，家庭农场、农业合作社经营规模更大，与市场接触更
多，拥有更强的抗风险能力，而龙头企业作为农业产业化发展的领头
军，在市场、营销、技术、管理等多方面都占有绝对的优势。因此，各
类经营主体应该建立利益联结机制，做到优势互补、利益共享、风险共
担，形成一个完整的农业产业链，取得规模效益。

　　虽然家庭农场、农业企业、农民专业合作社作为新型的农业经营主体
发展正盛，但不可否认的是，未来很长一段时间内，农业的发展仍然离不
开普通农户的主体作用。2018 年中央一号文件提出，要统筹兼顾培育新型
农业经营主体和扶持小农户……推进农业生产全程社会化服务，帮助小农
户节本增效……注重发挥新型农业经营主体带动作用，打造区域公用品
牌，开展农超对接、农社对接，帮助小农户对接市场。新型的农业经营主
体不仅要带动、帮助普通的农户实现增产增收，更要鼓励他们参与到农业
现代化进程中，使他们从技术、市场、销售各方面都有长足的发展，形成
"龙头企业＋农民专业合作社/家庭农场＋农户"的全产业链发展格局。

3.4　本章小结

　　中国改革的基础和关键是产权制度改革，产权制度改革的最后堡垒
在农村。党的十九大报告指出，经济体制改革必须以完善产权制度和要

素市场化配置为重点。在农村市场化改革过程中，产权明晰是要素流动的前提，要素流动是产权明晰的导向。

本章主要系统梳理了新中国成立后我国农地确权政策、农地流转政策与农业经营主体的发展历程。通过分析发现，随着社会经济的发展与时代的变迁，农村土地制度的改革正按照"产权明晰、权责明确、保护严格、流通畅通"的现代产权制度的要求，从现实出发，改革农村集体产权股份合作制。土地和其他资源性资产的核心是密切关注土地承包经营权的登记和核证，必须稳定农村土地承包关系，充分尊重农民承包的意愿，探索和发展多种形式的土地股份合作制。完善各项权利和职能，激活农村潜在生产力因素，建立符合市场经济要求的农村集体经济运行新机制，有利于增添农村发展的新动能，改革农村集体产权制度，发展农民股份合作等多种形式的联合和合作完善现代农业的经营体系，增添农业农村发展的新动能。

第4章 典型地区农地确权现状分析

农地流转能够促进土地集约节约利用，提高土地利用效率。截至 2014 年 1 月，全国平均土地流转率水平达到 26%，且地区差异较大。尤其随着近年来城镇化的快速发展，产权是否安全稳定，已经成为制约土地健康流转、农村土地制度改革的关键要素。然而，在近年来的土地流转过程中，由于产权主体缺位、权能弱化等确权"隐患"都对土地流转产生一定的影响。

在本章节中，将着重选取某地区作为研究的典型区域，详细介绍典型区域相关调查数据的获得过程，如区域选择、区域详细概况、研究问卷设计等内并对所获取数据进行处理，完成数据整理及描述性数据分析；最后结合数据整理结果，以及所选取区域的典型特征完成，对典型地区农地流转过程中的土地确权现状进行分析总结。

4.1 调查典型地区选择与调查问卷设计

4.1.1 典型地区选择

为保证农民权益，提高农地流转效率，发展土地适度规模经营进而逐步健全和完善农村土地制度的改革，农业部等相关部门从 2009 年开始率先开展土地承包经营权确权登记试点工作。截至 2015 年，已有江苏、湖南、湖北、甘肃、江西等 13 省省份被纳入全国土地登记确权的试点工作省份。天津市蓟州区地处京、津、唐等重要北方城市交汇处，是国务院确认的全国首批沿海对外开放县。蓟州区农业产业发达，现有耕地面积 81.3 万亩，是天津市的农业大县。尤其近年来随着农村集体建设用地入市等农村土地制度的深化改革，天津市逐步成为土改的重要试点地区。因此，本文选择天津市蓟州区作为调查区域，通过实地走访获得调查数据并进行实证分析，探求当前影响土地确权的内外部因素，以及各因素对土地确权影响程度等。为当前农村土地制度改革，农地高效流转等问题提供政策建议。

为保证本文数据调查的典型性和代表性，特选取天津市蓟州区穿芳峪、李明庄、礼明庄乡、下仓镇与下营镇的 15 个行政村中的 300 个农户的进行问卷调查和走访。本次调研采取随机抽样、入户访谈的方式。首先，选择蓟州区穿芳峪、李明庄、礼明庄乡、下仓镇与下营镇作为调查的样本点地区，并结合各地区土地流转数量，确定 15 个行政村的 300 个农户作为调查对象；然后，在预先不通知调查对象的情况下进村调查，根据事先设计好的调查问卷与农户面对面座谈；数据通过 SPSS 软件进行数据分析处理。本次调查共发放问卷 300 份，有效问卷 252 份，问卷有效率 84.0%。

4.1.2　调查点概况

本章将天津市蓟州区作为实地调查地，蓟州区具体自然属性、流转概况等如下：

1. 调查点自然状况。天津市是中华人民共和国直辖市，是环渤海区域的经济发展中心。天津地处华北平原北部，东靠渤海，北临燕山；是连接东北地区和华东地区的交通要塞，地理位置优越，是中国北方最大的沿海开放城市。天津市土地面积 1.1946 万平方公里，其中耕地面积

48.56 万公顷，占全市土地总面积的 40.7%。截至 2014 年末，天津市常住人口超过 1500 万人，辖 15 个市辖区、1 个县，共有乡镇级区划数为 240 个。天津市地形结构复杂，其中主要农业生产以郊县型农业为主，尤以蓟州区为代表。蓟州区位于天津市北部地区，地处于天津、北京、唐山、承德四地交汇处，地理位置优越。蓟州区总人口 96 万人，区域总面积 1953 平方公里，山水皆宜，土壤肥沃。全县总人口超过 96 万人，所辖 25 个镇，1 个街道，1 个民族乡。蓟州区物产丰富，动植物资源富集，是天津市农业大县、粮食大县。

随着设立滨海新区、天津自贸区建立等一系列重大战略措施的出台，天津经济发展重新呈现新的增长点。产业结构调整，二、三产业的快速发展极大推动天津整体经济水平的提升，成为中国经济的第三增长极。如图 4－1 所示，天津市近 10 年全市 GDP 及地方财政收入呈现稳定增长态势。截至 2014 年，天津 GDP 产值达到 15722.47 亿元，比上年增长 10 个百分点；同时 2014 年天津地方财政收入达 2390 亿元，相比去年增长 15%。

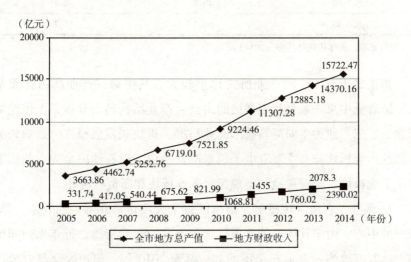

图 4－1　2005～2014 年天津市地方总产值及地方财政收入

资料来源：天津市统计年鉴（2014）。

在产业结构方面，天津城镇化水平一直处于国内领先地位，截至
2013年末其城镇化率为78.28%，2015年天津城镇化水平将达到90%。
天津目前进入工业化中后期阶段，产业结构明显分化，第一产业比重相
对较小，但基本保持稳定发展。如表4-1所示，2014年天津市农业总
产值441.69亿元，增长3.0%。其中以粮食、蔬菜等种植业为主，种植
业产值占农业总产值52.25%。

表4-1　　　　　　　　　**2014年天津市主要农产品产量**

产品名称	产量（万吨）	比上年增长（%）
粮 食	175.95	0.7
棉 花	3.82	−21.2
肉 类	46.4	−0.1
蔬 菜	460.2	1.1
禽 蛋	19.8	3.2
牛 奶	68.9	1
水产品	40.8	2.4
水 果	62.7	15.7

资料来源：天津市统计年鉴（2014）。

相比之下，二、三产业所占比重较大，其中第二产业所占比重最
大。随着党中央一系列战略举措的出台，产业结构转型升级，由传统的
依靠二、三产业为主向高新技术产业集群、板块式发展模式。目前较为
成熟的产业板块分布主要有电子信息产业板块、以石油冶金为主的临港
重化工业板块、金融房地产类现代服务业板块和商贸板块等。

2. 调查点农地流转概况。蓟州区位于天津市最北部，地处京、津、
唐三城中心，由于其优越的地理位置和丰富的自然资源，近年来蓟州区
的土地制度改革一直走在全国前列。截至2010年，蓟州区全县农地流
转面积达到3641.78平方千米，涉及农户超过16500户。同时随着蓟州
区成为全国土地制度改革的33个试点之一，其农地流转形式也呈现多

样化发展。具体来看，从农地流转方式来看：蓟州区土地流转多以转包、转让、委托经营、互换、入股经营为主，其中转包经营面积超过1900.0 平方千米，占全部流转面积的58.2%，同时作为试点，蓟州区也相继出现了作价入股、承租经营等新型土地流转形式；从土地转入类型上看，蓟州区农地流转市场已从单一农户之间小规模家庭式流转的个人行为向农户与企业之间大规模流转转变，其中转入企业土地面积达1367 平方千米，占全部土地流转面积的34.5%；从流转模式上看，近年来蓟州区当地大力推动"科技示范"模式、"以租代售"模式等新型流转模式，通过引进先进技术设备，推动农业规模化生产，提高农产品产出效率。

4.1.3　调查问卷设计

为进一步明确农地流转过程中土地确权的影响因素，弥补单纯查阅相关文献所带来的非典型、主观性较强等弊病，本研究特选取上文所提天津市蓟州区作为实地调查地点，进行实地走访完成一手数据的获取。在前期调查问卷设计过程中，首选通过大量阅读有关有关于土地确权影响机制的相关资料，完成调查问卷初稿。同时，为了增强本问卷的客观性和可操作性，特选取蓟州区某村庄进行实地预调查工作，将预调查结果进行及时反馈，并咨询本领域相关专家。最终结合前期文献查阅资料、后期实地预调查结果反馈以及相关专家咨询意见反馈等完成调查问卷终稿。调查问卷主要包括以下三个方面：

1. 农户个人及家庭特征。本部分主要对受访农户的个人及家庭情况进行调查。包括：农户年龄、性别、受教育程度、全年从事非农业生产时间（兼业类型）等个人特征，以及农户家庭年总收入、从事非农业生产年收入、家庭从事非农劳动力生产人数等。

2. 土地流转基本情况调查。本部分主要对一年内发生土地转入或转出的农户的土地流转基本情况进行调查。包括：年内家庭原有承包耕地面积、年内转入或转出耕地面积、家庭承包地块数、土地流转价格、土地流转方式等。

3. 产权安全性情况调查。本部分主要对农民对土地确权以及产权安全性的认知性进行调查。包括农户对当前开展的农村土地登记确权工作的了解程度、农户在农地流转过程中是否签订农地流转合同、农地流转过程中的土地纠纷情况、农户对 30 年承包期的主观意愿评价等。

4.2　调查结果统计性描述

为进一步了解不同类型农户在农地流转行为中，对土地确权的认知情况的差异，本文按照农户的兼业程度将农户类型进行分化，分别为纯农业型农户、兼业型农户、非农业型农户三种。通过对不同类型农户进行随机调查，获得农户产权认知等调查的一手数据。

4.2.1　受访农户个人及家庭基本情况

根据调查数据统计可知，在受访农户中小学文化程度农户有 80 位，初中文化程度农户有 86 位，分别占样本总量的 32% 和 34%。而从受访农户年家庭收入可以看出，65.08% 的农户收入水平在 1 万~2 万元，处于中下等收入水平。而同理，在农户兼业类型分布上可以看出 65% 的农户当前仍然以纯农业就业为主，非农就业农户比率较低。

同时通过实地走访农户了解得到，纯农业就业相比于非农就业，其收入水平仍处于弱势地位，尤其是对于文化程度相对较低的农户，受到知识水平和社会阅历的限制，完全抛弃农业而转入外出务工相对来说难度较大，而且对于这部分农户来说其对土地流转的意愿明显低于文化水平相对较高的农户，同时其在对待土地流转问题上偏于保守，进而影响农地流转效率（见图 4 - 2，表 4 - 2 和表 4 - 3）。

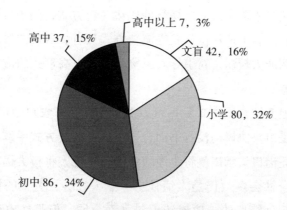

图 4 - 2 受访农户文化程度分布

表 4 - 2 　　　　　　　　　　　受访农户兼业类型

受访农户兼业类型	数据	比例（%）
纯农业	164	65.08
兼业	64	25.40
非农业	24	9.52

表 4 - 3 　　　　　　　　　　　受访农户家庭年收入

受访农户家庭年收入	数据	比例（%）
1 万元以下	14	5.55
1 万 ~ 2 万元	164	65.08
2 万元以上	74	29.37

4.2.2 农户发生土地流转的基本情况

从表 4 - 4 受访农户发生土地流转方式来看，存在土地流转现象的农户选择最多的流转方式是代耕，占样本总量的 62.33%，土地入股等新型土地流转方式仅占样本总量的 5.48%。从总体来看，相对来说农村土地流转形式单一，没有形成规模流转。国家在不断完善土地政策，但大多数农民还是采取了最简单易行的代耕转包方式，处于自发阶段，流转效率相对较低。土地作价入股等流转方式只有少数农户采取，同事村委会组织协调能力较弱，对引导农民接触多种更高形式的流转方式的引导性相对较差。

而从土地流转合同方式数据可以看出，在受访农户中仍有57.53%绝大部分仅是口头协议，没有书面合同，这一流转方式手续简单，更重要的是仅仅凭借口头承诺就将土地随意流转于他人将极大提高产权的不稳定性。当今社会多数仍是人情社会、熟人社会，更多的村民碍于面子，并不会签订统一的土地流转承包书面合同，但是在农地流转过程中，没有书面流转合同则意味着未来发生土地纠纷的概率增加，同时对未来农村土地制度改革埋下隐患。同时，没有书面合同，对于转入和转出农户双方都会影响其对该土地的投资热情，进而导致农地长远的产出效率。同时，由于没有书面承包合同，原承包户和代耕户对于土地流转的进退自由度高，但存在流转量小、时间短、随意性大、缺乏书面合同法律保护等缺点，不能彻底解决农村土地抛荒问题，不利于农业的可持续发展（见表4-4）。

表4-4　　　　　受访农户土地流转基本情况

问题	方式及途径	比例（%）
流转方式	代耕	62.33
	反租倒包	17.12
	出租	10.96
	转让	5.48
	以土地入股	5.48
流转合同形式	口头协议	57.53
	书面协议	42.47

4.2.3　受访农户产权安全认知情况调查

如表 4 - 5 所示，土地流转过程中，农民的权益保护情况不容乐观。一方面，农民在土地流转过程中普遍遭遇过土地纠纷，其中 76.42% 的农户认为流转价格不尽人意，实际成交的流转价格普遍偏低；同时 14.15% 的受访农户表示在土地流转过程中受到过村集体的负面干扰，从而被动接受流转条件，影响农户自身的流转意愿。另一方面，农民在土地流转过程中权益受到不同程度的损害，28.77% 的农民认为土地流转的价格不合理，流转价格明显低于市价；25.34% 的农民实际无权支配土地，农户土地使用权主体缺位情况严重。而有 10.96% 的受访农户反映由于土地流转过程中的不公平、不合理现象严重，已经使土地正常经营受到干扰。而对土地流转过程中如何维权这个问题，运用法律手段解决的仅占 17.81%，大部分（40.41%）的受访者认为应找上级部门协调，其他的选择自认倒霉、保持沉默，或者就是发牢骚、上访以及集体抗议。

由此可以看出，农民在土地流转过程中会遇到很多困难，而因法律意识薄弱，农民的合法权益很容易在过程中受到损害甚至他们自身都无法意识到自己的合法权益受到了损害，于是也不知道用法律武器保护自己，维护自己的合法权益。因为缺乏法律意识，农民在农村土地流转过程中处于被动的角色，流转土地时困难重重，合法权益受到了损害后不知道如何去争取自己的权益，有些还会采取一些不恰当的做法，这样是不利于问题的解决的，而且会使矛盾激化，使农民失去参与土地流转的热情。

表 4 - 5   农户产权安全认知情况

	受访农户对产权安全认知	比例（%）
土地流转纠纷来源 （多选）	流转对象缺失	22.64
	流转价格偏差	76.42
	受村集体负面影响	14.15
	土地流转制度不完善	13.07
农户土地流转权益缺失	农户本身无权支配土地	25.34
	土地流转价格不合理	28.77
	土地流转安置补偿不合理	25.34
	土地正常经营受到干扰	10.96
	其他	9.59
农户自身的产权维护方式	诉诸法律	17.87
	找上级部门协调	40.41
	保持沉默，自我解决	41.72

3.2.4 农民分化背景下，农户对产权安全认知情况调查

本章以农户兼业程度为研究视角，为此，分别调查了不同类型农户对产权的认知情况，了解兼业程度不同的农户是否对产权安全的认知存在差异。

表 4 - 6   不同类型农户对产认知

农户类型	比例（%）	受访农户对产权安全认知
纯农业型农户	47.6	
兼业型农户	58.5	认为产权安全有利于农地流转
非农业型农户	78.5	

由表 4 - 6 可看出，不同类型农户对产权安全的认知存在明显差异。其中，非农业型农户和兼业型农户对产权安全的积极影响认知明显高于纯农业农户。相比于纯农业型农户，存在兼业情况的农户自身受教育程

度普遍较高，且非农就业收入普遍高于单纯农业生产收入，因此对于非农就业程度越高的农户，其对产权安全的认知意识普遍越强。只有具有完善的土地产权，才能将闲置土地高效流转出去，从而获得额外的流转收益。

4.3　基本结论

　　本书的调研数据表明，目前农村的矛盾较为突出，绝大多数被调查者对现行土地流转制度不满，主要表现为：第一，大部分农民认为土地流转价格不尽人意，征地补偿费到位不及时，且难以维持长久的生活需要。目前我国绝大部分地区执行的是农村土地按照农业用途的平均产值进行补偿，农民获得的补偿也就是一亩地2万~3万元，仅与全国农户六七年的人均纯收入水平相当。而农村土地一旦流转改变用途成为建设用地以后，其转让价格就会飞涨。农村土地流转时按照年平均产值确定补偿价格，而到二级土地市场出让时却按照市场价格、土地用途确定，这种价格体系显失公平，严重侵害了农民的权益。第二，农民缺乏参与权与知情权。受限于文化程度，大多数农民对关于土地的法律法规缺乏了解，在正当权益受到侵害时寄希望于上级部门的协调，而且目前农村中的土地流转方式多为农户间自发流转，他们对政策不够了解，对市场行情不能充分把握，很多流转都未签订流转合同只是口头协议，这些都为土地承包纠纷埋下了隐患。第三，产权不稳定，农地产权主体缺位。不管是我国目前实行的宪法，还是根据宪法原则精神颁布的土地管理法，都缺乏对公共利益的明确界定，表述过于笼统，对其内涵和外延都缺乏阐释，导致土地流转中政府行政行为缺乏约束，寻租导致的腐败现象严重，政府公信力大大降低。

　　农民土地产权认知是影响农民对土地流转制度评价的重要因素。对土地所有权、土地增值收益权、土地征用谈判权认知的不同直接导致了农民流转意愿的分化，当流转制度能够更好地符合农民土地产权认知时，农民的流转意愿会发生显著的改变，尤其是赋予农民更多的社会保障，将有更多的农民愿意改变其流转意愿。当前流转制度在这方面需要进行以下的改革与创新：第一，完善农户产权结构和权能，进一步确认农民集体土地的财产权利，按市场经济规律进行征地补偿。第二，赋予农民应有的权利，建立公开、公正的征地程序。第三，通过立法形式明确界定公共利益的范围，确保被流转土地的合理使用。此外，由于土地的社会保障功能日益受到农民的重视，因此，在设计未来的土地流转政策时，要特别注意凸显农地所承担的社会保障功能。

第5章 农地确权对农地流转意愿及农地流转率的影响分析

经过第 4 章的理论分析可知，产权安全是农地流转的前提和保障，农地确权将从理论上增强农户对土地的投资热情，但是针对农地确权在农地流转中的具体作用机制却鲜少提及。为此，本章将通过建立统计模型实证分析农地确权对土地流转的作用机制。

5.1 理论分析与研究假设

当前，制约农地流转规模和效率的因素有很多，有自身因素、社会因素、外部经济环境因素等，但目前很多学者指出，是否拥有稳定的产权将会对农户的流转决策行为产生重要影响。土地产权安全主要表现为所有权和使用权的安全，而在本书中则着重强调土地承包经营权的稳定性。土地产权安全主要对土地的长期投资有影响，而对中短期的投资影响较小。当农户拥有稳定的产权意味着农户对土地是一种半所有式，土地的长期收益将会得到有效的预期，同时农户可以根据自身和外部环境条件自由有偿地选择对农地进行转入或者转出。而农民分化则是随着城镇化的不断推进而随之带来的一种社会分化现象。当前，学术界普遍认为农民分化的主要作用机理已经从恰亚诺夫的农民分化人口因素向职业和经济分化转变。所谓职业分化，笔者认为可以按照农民的经营类型进行划分，职业分化是经济（收入）分化的内在动因。从中国自身国情来看，随着20世纪80年代以后城镇化的快速发展，大量的农村劳动力进入城市从事非农职业，相比单纯从事农业生产，部分或全部的非农就业将会大大弥补农业收入的不足，进而则产生了不同经济层次的农民分化。从当前研究来看，单纯对农民分化进行深入的研究较少，由于不同分化阶层的农民有着自身不同的职业、经济、资源禀赋等差异，因此其将会对相关土地制度的认知、土地决策行为等存在差异。因此，大部分学者都是以农民分化为依托，在此基础上进行相关产权偏好，土地流转意愿等实证分析研究。而由于不同学者研究视角不同，其会根据自身研究需要对农民进行不同层次划分。总体来看，目前多数学者都对产权稳定与农地流转之间持正向积极的态度，但是很少将产权稳定与农民阶层分化相联系，只是在具体的实证研究中，将农民分化作为一种农户自身特征变量而呈现，没有单独分析职业类型分化是否也是土地流转的一个内在诱因。但是，从当前现状来看，农民职业的分化意味着其经济属性的分化，必然会对农户的决策行为产生影响。

根据科斯定理的产权理论，产权的界定将有利于资源配置效率的提高。在存在一定的交易成本状况下，产权界定得越明晰，资源就越能够不受外部性的影响，进而能够自发地进行资源配置以至达到帕累托最优；与此同时，产权界定得越明晰，其所花费的交易成本就越小。而在农地流转过程中同样如此，农户土地承包经营权的明晰确定将会提高农地产权的稳定性，进而使农地的转入和转出双方都增加了对土地投资的预期，并且在实际流转过程中以产权为严格的法律依据，节省交易费用，从而提高了土地的资源配置效率。

在西方经济学理论中，认为人是一种"经济人"，即作为经济人，人们在进行自身行为决策时，是以追求个人利益最大化为导向，个人效益的最大化往往对其决策起到至关重要的作用。在这种人性假设的驱动下，农户的行为决策也可以看做是一种个人利益最大化的过程。尤其是，随着 20 世纪 80 年代以后城镇化的快速发展，农村劳动力的大量转移带来了农民阶层的改变。随着农户职业属性的变化，出现了不同的收益类型，而不同农户的家庭禀赋不同，因此其对收益成本的考虑不同。职业分化后，由于农户对产业认知的不同，土地确权制度对农户的影响也不尽相同。

本书主要测度在农民阶层分化视角下，土地产权确权是否会对农地流转产生作用机理。因此，提出如下假设：

假设 1：土地确权将会对农地流转行为产生显著影响，产权越稳定往往会越激励农户土地流转行为的产生。具有明确土地承包经营权证书或者承包合同的农户往往对土地有着更加长远的预期，同时对土地的未来发展更加慎重，因此往往会偏向于将农地转入或转出，以期能使土地收益最大化。

假设 2：不同阶层的农户（根据农户兼业程度划分）会对农地流转行为产生不同的偏好，越偏向于非农就业的农户，其土地转入转出的意愿越高。相比于单纯的农业生产，外出打工、个体经营等非农就业方式往往会获得更高的收入，根据上文提到的经济人假设，这部分人往往由于自己无力经营而选择把土地转让给其他农户。

5.2　农地确权对农地流转的影响分析

5.2.1　模型的选择

本书主要分析产权稳定等因素是否会对农地流转的影响机制，其因变量为定性变量，因此多采用 Logistic 回归模型。在 Logistic 回归模型中分为 Binary Logistic 回归分析和 Multinomial Logistic 回归分析。由于本书研究中因变量分为愿意流转和不愿意流转两种（即赋值为 0 和 1），因此选 Binary Logistic 回归模型进行分析。

在模型中，y 为因变量，x_i 为自变量，β_i 为自变量系数，ε 为随机误差项，i 为自变量编号，p 为事件发生（即 $y=1$）的概率。即：

$$p = P(y=1) = F(\beta_i X_i) = \beta_0 + \beta_x X_1 + \beta_2 X_1 + \beta_2 X_2 + \beta_3 X_3 + \cdots + \beta_k X_k + \varepsilon$$

$$(5-1)$$

经过 Logit 变换后所得到的概率模型为线性回归模型：

$$\ln(p/1-p) = \beta_0 + \beta_1 X_1 + \beta_2 X_2 + \beta_3 X_3 + \cdots + \beta_k X_k + \varepsilon \quad (5-2)$$

在上述模型（5-2）中，自变量为农户对土地产权的认知以及农户自身特征和家庭特征等变量；因变量为农户是否愿意进行农地流转，愿意流转则赋值为 1，不愿意流转则赋值为 0。

5.2.2 数据来源

本书所用数据来自对天津市蓟州区周边穿芳峪、李明庄、礼明庄乡、下仓镇与下营镇的 15 个行政村中的 300 个农户的问卷调查和走访。本次调研采取随机抽样、入户访谈的方式。首先，选择蓟州区穿芳峪、李明庄、礼明庄乡、下仓镇与下营镇作为调查的样本点地区，并结合各地区土地流转数量，确定 15 个行政村的 300 个农户作为调查对象；然后，在预先不通知调查对象的情况下进村调查，根据事先设计好的调查问卷与农户面对面座谈；数据通过 Spss 软件进行数据分析处理。本次调查共发放问卷 300 份，有效问卷 252 份，问卷有效率 84%。

5.2.3　变量的设定

根据本书写作目的和已有相关文献研究，所选取自变量包括受访农户的土地产权认知情况、农户个人特征变量，农户家庭特征变量三个方面，关于农民分化变量的测度则以农民从事的主要职业来衡量。具体自变量见表 5 – 1。

表 5 – 1　　　　　　　　　　　　变量说明

类别 Type	变量名称 Variable name	标示 Code	变量定义 Variable definition
农户个人特征变量	年龄	X_1	25 岁以下 = 1；25 ~ 45 岁 = 2；45 ~ 60 岁 = 3；60 岁以上 = 4
	受教育年限	X_2	6 年及以下 = 1；6 ~ 9 年 = 2；9 ~ 12 年 = 3；12 年以上 = 4
农户兼业程度	农户分化程度	X_3	纯农业 = 1；兼业 = 2；非农业 = 3
农户家庭特征变量	家庭非农劳动力人数	X_4	从事非农业劳动的人数（人）
	家庭年非农收入比重	X_5	家庭非农收入占总收入的比重（%）
农地确权与土地产权认知情况变量	是否了解当前正在开展的农村土地确权登记颁证工作	X_6	非常了解 = 1；比较了解 = 2；不了解 = 3
	是否拥有农地承包合同或证书	X_7	有 = 1；没有 = 0
	农民是否应该拥有农地的所有权	X_8	是 = 1；否 = 0
	农民是否应当拥有农地抵押权和转让权	X_9	是 = 1；否 = 2

5.2.4 模型运行分析检验

将最终确定 252 份问卷录入 SPSS18.0 软件进行 Logistic 回归分析。模型结果检验见表 5-2。

表 5-2   模型检验

步骤	-2 对数似然值 -2 log likelihood	Cox & Snell R 方值 Cox & Snell R^2	Nagelkerke R 方值 Nagelkerke R^2
1	107.116[a]	0.570	0.761

由表 5-2 的检验结果表明，该模型的拟合度较高，模型因变量解释率为 76.1%，具有较大说服力。

5.2.5 模型结果分析

1. 农民分化特征变量分析。在农户职业类型分化的变量数据中发现农户职业类型对农地流转意愿呈正向显著影响，即相比于纯农业生产的农户，兼业农户更愿意把土地流转出去。该结果验证了假说 2（不同分化阶层的农户会对农地流转行为产生不同的偏好，越偏向于非农就业的农户，其土地转入转出的意愿越高）由于农民职业属性的转换，农村劳动力向城镇转移，与此同时，农村将出现大量荒地无人耕种。对于这些转移至城镇地区的农民来说，一般情况下，其从事非农生产的收入将远超过单纯的农业经营，因此对于这部分农民来说其更愿意把土地流转出去，一方面闲置土地有人耕种，另一方面每年还可以得到相应租金。但是，在实地走访中了解得到，这部分农民仍然担心土地流转出去后，将来可能收不回来，这充分说明当前的土地流转仍然存在产权不稳定不明晰的问题有待解决。

2. 农户自身属性特征变量分析。本书从农户个人特征、家庭特征两方面对农户自身属性特征变量进行分析。在农户个人特征变量分析中，主要测量了农户的年龄、受教育年限、所从事职业这 4 个变量。由表 5 – 3 数据得到，在这 4 个变量中，农户的年龄、受教育年限并没有对其农地流转意愿有显著影响。

表 5 – 3　　　　　　　　　模型估计结果

变量名称 Variable	回归系数 Coefficient	标准误差 Standard error	Wald 检验值 Test value	显著性 Significance	Exp（B） Exp（B）
年龄	0.249	0.379	0.430	0.512	1.282
受教育年限	0.435	0.356	1.496	0.221	1.545
从事的主要职业			9.615	0.008 ***	
纯农业	−0.336	0.925	0.132	0.716	0.714
兼业	2.134	1.127	3.588	0.058 *	8.450
家庭非农劳动力人数	0.331	0.223	2.206	0.137	1.393
家庭年非农收入比重	3.931	1.206	10.628	0.001 ***	50.975
是否了解当前正在开展的农村土地确权登记颁证工作	−0.041	0.537	0.006	0.940	0.960
是否拥有农地承包合同或证书	1.090	0.647	2.841	0.092 **	2.976
农民是否应该拥有农地的所有权	−1.052	0.630	2.788	0.095 *	0.349
农民是否应拥有经营权抵押转让权利	2.560	0.611	17.570	0.000 ***	12.937
常量	−5.297	2.531	4.380	0.036 **	0.005

注：*、**、*** 分别表示在10%、5% 和1% 水平上显著；在职业分类变量中，以非农业为参照变量。

在农户家庭特征变量分析中，主要测度了家庭非农劳动力人数和家庭非农收入比重这两个变量。结果表明，家庭非农收入比重变量在1%

条件下对土地流转存在显著影响，而家庭非农劳动力人数变量则对因变量没有显著影响。家庭非农收入比重变量系数为正，说明非农收入比重越高的家庭，越倾向于土地流转行为的产生。这一结果充分说明了在"经济人"的理论假设前提下，农户通过非农生产获得了更高的收入，自然不愿意继续种田，因此在这种经济因素的趋势下，这部分农户则倾向于将土地流转。而经济条件分化是农户阶层分化的必然结果，因此该结果能够间接证明假说2的论证。

3. 农地确权及产权认知变量的分析。本书主要测度农地确权对土地流转的影响，为此笔者将农地确权程度通过以下四个变量来体现，分别为对当前农地确权登记工作的了解程度、农地承包合同或证书拥有情况、对农地所有权的认知情况、对农地抵押权和转让权的认知情况。

第一，由模型运行数据可以看出："是否拥有农地承包合同或证书"变量的回归系数为 1.090，且通过了 $P = 0.05$ 的显著水平检验，即拥有土地承包经营权合同和证书的农户显著倾向于将土地流转。对于这部分农户来说，明确的土地承包合同和证书将增强其对于土地稳定性的预期以及对土地长远投资的热情。由于其承包地受到明确的法律保证，土地转入和转出双方都能够大大减少交易成本，因此将会增加其流转的动机和意愿。在市场经济的大环境下，各方权利和利益的满足都基于一种契约精神，对于转入和转出的农户来说，明晰的土地承包合同和证书是双方基于契约所建立的一种彼此信赖的交易。所以，从该指标可以看出，农地确权对于促进农村土地流转具有正向的显著影响，这在一定程度上也为当前进行的农地确权工作提供了理论依据。

第二，"农民是否应当拥有经营权抵押转让权利"的变量系数为 2.560，通过了 $P = 0.01$ 的显著水平检验，说明农户对土地经营权的抵押转让偏好也对土地流转有正向的显著影响。这充分说明，允许土地承包经营权抵押和转让将会使农民的流转合法化，同时也意味着农村土地和城市土地同样可以在市场上自由流通。尤其是对于耕种困难的农户可以通过转让或者抵押的方式获得一定的收入，同时可以解放劳动力以谋求其他非农收入。土地确权是基于中国自身的土地制度所确立的，当今中国社会里人地矛盾问题突出，在农村与城市土地二元结构的限制下，土地供给与需求不足一直是困扰土地制度改革，城市发展的重要问题。

然而，由本模型数据可以看出，农村土地允许抵押转让，一方面能够激发农户本身的投资热情，另一方面能够促进土地信贷，土地金融的发展，盘活农村大量闲置土地，为土地供给提供重要来源。

第三，相比于对"农民是否应当拥有经营权抵押转让权利"数据，在对"农民是否应当拥有农地所有权"的变量测度中，其变量系数为 -1.052，通过了 $P=0.1$ 置信水平的检验，说明农地所有权的拥有将会对土地流转产生负显著影响。这一结果与目前一些学者土地的私有化的观点相背。可能的解释在于，当前我国农地产权细化为所有权、承包权和经营权。农民目前拥有承包权和经营权，而且承包权是一种用益物权，只要农民属于农村集体成员，就有资格获取土地承包权。而农地所有权的赋予将等同于土地私有化的过程，调查数据表明，土地私有化的过程并不一定会正向促进土地流转，反而会阻碍土地的自由流通。这说明一旦农地完全私有化，由于农民担心完全失去土地，所以并不能真正促进土地流转。所以，与土地农民个人所有相比，进一步延长其现有承包权经营权的年限才会从根本上增强农民对土地的合理预测。

从以上的实证结果可以看出，农地确权尤其是对土地承包权和经营权的明确，将对农户的农地流转具有正向的显著影响。这也为农地确权政策的进一步实施提供了理论依据。

5.3 农地确权对土地流转率的影响分析

5.3.1 模型的选择

本书主要探求农地确权等产权安全制度因素对农地流转过程中土地流转率的具体影响程度。被解释变量土地流转率为定量变量，因此多采用线性回归分析模型。其中，在本书中存在 6 个解释变量，最终选定多元线性回归分析模型。

在模型中，y 为被解释变量，x_i 为解释变量，β_i 自变量系数，ε 为随机误差项，i 为自变量编号，p 为事件发生（即 $y=1$）的概率。即：

$$p = P(y=1) = F(\beta_i X_i) = \beta_0 + \beta_x X_1 + \beta_2 X_2 + \beta_3 X_3 + \cdots + \beta_k X_k + \varepsilon$$

$$(5-3)$$

由于共选取农户个人特征变量、家庭特征变量、产权认知状况变量等共 7 个解释变量，因此模型可进一步调整为：

$$Y_i = \beta_0 + \beta_1 X_1 + \beta_2 X_2 + \beta_3 X_3 + \beta_4 X_4 + \beta_5 X_5 + \beta_6 X_6 + \beta_7 X_7 + \xi_i$$

$$(5-4)$$

在上述模型（5-4）中，解释变量为农户对土地产权的认知以及农户个人特征等变量；被解释变量为农户的土地流转率（土地流转率 = 年内流转耕地面积/年初家庭承包耕地总面积）。

5.3.2 数据来源及变量设定

本书所用数据同 5.2.2 节。

　　笔者根据研究目的，选取三类解释变量包括受访农户的土地产权认知情况、农户个人特征变量两个方面；选取土地流转率作为被解释变量（土地流转率＝年内流转耕地面积/年初家庭承包耕地总面积）。具体自变量见表5－4。

表5－4　　　　　　　　　　　　　　　　**变量说明**

类别	变量名	标量定义	均值	标准差
因变量（被解释变量）				
	土地流转率		0.49	0.294
自变量（解释变量）	年龄层		2.58	0.925
个人特征变量	受教育年限	6年及以下＝1；6～9年＝2；9～12年＝3；12年以上＝4	3.14	0.934
农民分化类型	兼业程度	纯农业＝1；兼业＝2；非农业＝3	1.75	0.434
农地确权及产权认知情况变量	土地流转价格		2130.8	7311.625
	土地流转形式	代耕＝1；转包＝2；出租＝3；转让＝4；土地入股＝5	3.30	1.679
	是否拥有土地承包合同	是＝1；否＝0	0.51	0.504
	对30年承包期的看法	减少期限＝1；延长期限＝2；无所谓＝3	1.89	0.618

5.3.3　模型运行分析检验

　　将最终确定的252份问卷录入SPSS18.0软件进行多元线性回归分析，并对设定的7个解释变量进行参数估计和方程显著性检验。在进行模型分析时，运用向后筛选，共经历四个步骤进行模型回归，最终模型为第四个模型。模型结果检验见表5－5。

表 5 - 5 模型检验

Model	R	R^2	调整 R^2	标准估计误差	df	F	Sig.
Firs（step1）	0.826	0.682	0.636	0.17709	7	15.007	0.000
Fina（step4）	0.816	0.666	0.640	0.17623	4	25.891	0.000

由表 5 - 5 检验结果可以看出，模型整体拟合优度即调整 R^2 为 0.640，说明所选取的被解释变量整体对解释变量的解释能力达到 64.0%，符合模型拟合优度标准。同时由方程显著性检验可得，该模型 F 值 25.891，Sig. 为 0.000 即该方程线性显著，符合模型标准（df = 4，F = 25.891，Sig = 0.000）。

由表 5 - 6 模型回归结果表明：受教育年限、土地流转价格、农户对 30 年承包期看法这 3 个解释变量对被解释变量（土地流转率）没有显著贡献，将被剔除保留的分析方程中。所剩的年龄层、农户兼业程度、土地流转形式、是否拥有土地承包合同这 4 个解释变量均对土地流转率有显著贡献。

表 5 - 6 模型估计结果

模型		非标准化系数		标准系数	t	Sig.
		B	标准误差			
Step1	（常量）	- 0.732	0.160		- 4.563	0.000
	年龄层	0.241	0.038	0.658	6.352	0.000
	受教育年限	0.040	0.032	0.128	1.271	0.210
	农户分化程度（按兼业程度划分）	0.104	0.072	0.154	1.443	0.155
	土地流转价格	2.721	0.000	0.068	0.763	0.449
	土地流转形式	0.034	0.015	0.195	2.234	0.030
	是否拥有土地承包合同	0.113	0.056	0.193	2.022	0.049
	农户对 30 年承包期看法	0.022	0.041	0.046	0.536	0.594

注：Y 为土地流转率。

5.3.4　模型结果分析

由表5-7最终回归模型的分析结果表明，年龄层、农户兼业程度、土地流转形式、是否具有土地承包合同这4个解释变量均对被解释变量土地流转率有不同程度显著影响。

表5-7　　　　　　　　　　　　　模型估计结果

模型		非标准化系数		标准系数	t	Sig.
		B	标准误差			
Step4	（常量）	-0.587	0.127		-4.604	0.000
	年龄层	0.217	0.034	0.595	6.462	0.000 ***
	农户分化程度（按兼业程度划分）	0.152	0.063	0.225	2.407	0.020 **
	土地流转形式	0.039	0.015	0.223	2.632	0.011 **
	是否拥有土地承包合同	0.103	0.055	0.177	1.876	0.066 *

注：*、**、*** 分别表示在10%、5%、1%水平上显著；Y为土地流转率。

1. 农民分化特征变量分析。在"农户兼业程度"变量测度中表明，"农户兼业程度"系数为0.225，对被解释变量（土地流转率）在5%的水平下显著正相关。近年来，随着城镇化水平的不断提高，很多农村劳动力向城镇转移，而随之带来的则是农户自身职业属性的改变，即文中提到的农户兼业程度的改变。更多的农户从农业型农民向兼业型农民甚至是完全非农业型农民过渡。而对于这部分农户来说，一方面在城市内从事非农业劳动所获得的收入较单一从事农业生产更为理想，另一方面更多农民为了提高自身的生活质量和下一代的教育质量，而选择进入城市以获得更多资源。而相比于将自家土地长时间撂荒，其更愿意通过土地流转的方式将土地使用权转让并定期获得一定的租金。

2. 农地确权及产权认知变量分析。本书主要围绕农地确权对土地流转率的具体影响程度进行，为此笔者主要测量土地流转形式、土地流转价格、拥有土地承包合同情况、农户对 30 年承包期看法这 4 个变量对土地流转率的影响程度。

第一，由回归模型数据表明："拥有农地承包合同或证书"变量系数为 0.177，其在 1% 的水平下显著相关，即农户"拥有土地承包合同或证书"情况每增加一个单位，其土地流转率增加 17.7%。对于拥有土地承包合同的农户来说，其产权安全从法律上得到充分保证，从而农户自身对农地长远的稳定性预期也会增强，其对土地将会投入更多的投资热情，会更倾向于将土地向有能力规模化经营的单位或个人流转。而农地承包合同的意义就在于，拥有此合同的土地流转双方在流转过程中将减少不必要的流转成本，且相关合同中明确标记被流转土地的面积、四至等基本信息从而避免因信息不对称而带来的纠纷，更重要的是通过这一契约过程，将提高流转双方未来对所流转土地的投资预期，进而有利于农地高效规模利用。

第二，回归模型数据表明：解释变量"土地流转形式"变量系数为 0.223，且通过 5% 的显著水平检验，即土地流转形式相对于土地流转率显著正相关。在本书研究中，土地流转形式被分为代耕、转包、出租、转让、土地入股五种形式，在这五种形式中其产权明晰程度、法律规范程度依次递增。有该模型数据表明，越偏向于产权明晰的土地流转方式（如土地入股等）其土地流转率越高，此项数据同样证明在农地确权的背景下，产权界定明确清晰，将有利于农户在土地流转过程中对土地预期的积极判定，尤其类似于土地入股等新型的土地流转形式，既能保证农户的土地使用权安全，同时"入股分红"手段又能保障农户长期稳定的经济收益，进而对土地流转率具有显著积极作用。

第三，由回归模型数据可以看出，解释变量"土地流转价格"和"农户对 30 年承包期看法"并未通过 1% 水平下的显著检验，由此说明这两个变量不能对土地流转率进行相关解释。城乡二元结构导致农村土地与城市土地并不能在同一个市场环境下自由交易，农村土地的流转价格远低于同等条件下城市土地的交易价格，因此土地流转价格并不能充分的反映出其对土地流转率的显著影响。而"农户对承包期看法"这一变量更偏向于农户主观意见，尤其是在受访农户的教育年限普遍偏低的情况下，农户对当前土地制定政策的理解参差不齐，因此，对被解释变量土地流转率非显著相关。

5.4　基 本 结 论

　　本章以土地流转为基础，着重研究农地确权对其影响机制，由 Logistic 模型测量看出，土地确权对农地流转的正向促进作用主要表现土地承包权和经营权的明晰。具体来看，农户土地承包合同或证书的拥有程度，农地经营权抵押转让权利的偏好情况都对农地流转呈正向显著作用。拥有土地使用证书，对土地抵押转让权利更加偏好的农户往往土地流转的意愿更强，完善的产权保护机制对农地流转起到正向推动作用。即以完善土地承包经营权为主导的土地确权政策确实对农地流转起到了积极的促进作用。同时，通过多元线性回归分析，着重研究农地确权、产权认知等变量对土地流转率的具体影响程度。研究结果显示，在农地确权及产权认知方面，土地流转形式、农户拥有土地承包合同情况均对土地流转率显著相关，土地流转形式更为合法规范、拥有正规土地承包合同的农户往往其土地流转率显著升高；在农户个人特征变量方面，农户兼业程度、户主年龄对土地流转率呈显著正相关，越偏向于非农就业方向、年龄稍大的农户往往由于个人就业、身体状况、家庭等原因，其土地流转率越高。

第6章 农地确权政策对农户农地流转决策行为的影响分析

为解决我国农地细碎化、促进农村土地流转，实现适度规模经营，国家多次出台相关政策来不断稳定和完善农地产权，其中主要的政策是农地确权登记颁证政策。2011 年，我国试点开展农村土地承包经营权登记颁证，2013 年提出用 5 年时间基本完成，明确农户承包地四至、健全档案管理，实现地块、面积、合同与证书"四到户"。产权明晰是农地流转的前提。但确权到底会对农户的农地流转行为产生什么影响？现有研究尚无统一结论，因此，本章基于津鲁两省市 1254 份农户问卷调查数据，采用 Heckman-Probit 两阶段选择模型，实证分析农地确权政策对农户农地流转决策行为的具体影响，以期为下一步的农村土地产权制度改革提供政策参考。

6.1 引　言

农地流转是当前农村土地改革中的重要内容，国家也从政策层面不断引导农村土地流转健康进行，但相关制度的不合理性特别是农地产权模糊等缺陷阻碍了流转的顺利进展。由于集体土地产权主体虚置，农民集体土地权利结构不完整，在一定程度上导致了农地流转速度缓慢。对此，国家也不断进行农村土地制度的"增量改革"以健全农民土地权能，加快农地流转市场化步伐，建立健全高效、公平、规范的农地流转市场体系，实现农业适度规模经营，尤其是 2010 年中央一号文件首次明确提出，加快农村集体土地所有权、宅基地使用权、集体建设用地使用权等确权登记发证工作。2013 年和 2014 年的中央一号文件都明确提出要抓紧抓实农村土地承包经营权确权登记颁证工作。可见，国家期望通过明确农村土地权利归属、权利结构等来促进农村土地流转，形成适度规模经营。

　　实际上，一直以来，国内学术界也对农地承包经营权流转的动因、影响因素、模式、机制、存在的各种问题及对策等各方面开展理论和实践上的探索。近年来，不少学者开始关注农民分化（许恒周，2012）、村级流转管制（郜亮亮等，2014）、产权认知和产权强度（钟文晶，2013）、交易费用（冀县卿，2015）等因素对农地流转的具体影响。其中一个焦点是农地产权或地权稳定性对农地流转及其市场的影响。从理论上来讲，产权的界定将有利于资源配置效率的提高。在存在一定的交易成本状况下，产权界定得越明晰，资源就越能够不受外部性的影响，进而能够自发地进行资源配置以至于达到帕累托最优；与此同时，产权界定得越明晰，其所花费的交易成本就越小。而在农地流转过程中同样如此，农户土地承包经营权的明晰确定将会提高农地产权的稳定性，进而使农地的转入和转出双方都增加了对土地投资的预期，并且在实际流转过程中以产权为严格的法律依据，节省交易费用，从而提高了土地的资源配置效率。有关实证研究也表明，提高土地产权的清晰性和稳定性将有助于农地流转的实现（钱忠好，2003；叶剑平，2010；马贤磊，2010）。然而，并非所有的学者都认为中国的农地制度阻碍了农地使用权市场的发育（姚洋，2000），稳定的土地产权不能促进农地流转的原因在于当前农村社会保障体系的不健全（田传浩，2004；温铁军，2006）。但以上研究结论都是在农地确权政策实施以前得出的，而对于当前实施的农地确权会对农户的农地流转决策行为产生什么影响？目前并没有文献对此进行系统的实证研究。所以，为深入推动农地确权政策的实施及农村土地有序流转，有必要深入分析农地确权政策对农户的农地流转决策行为会产生何种影响，以便为今后农村土地制度改革提供一定的科学依据和借鉴。

因此，本书基于津鲁两省市 1254 份农户问卷调查数据，采用 Heck-man-Probit 两阶段选择模型，实证分析农地确权政策对农户农地流转决策行为的具体影响，以期为下一步的农村土地产权制度改革提供政策参考。

6.2 研究方法与数据来源

6.2.1 模型设定及变量选取

农户对农地确权政策的农地流转行为响应实际上是两阶段决策过程的有机结合。首先是农民对农地确权政策有认知，只有感知到农地确权带来的各种影响变化，才会对该政策作出的相应的农地流转决策。因此，农地确权政策对农户的农地流转行为决策是两个有先后顺序并且相互依赖的阶段，如果只选择那些感知到农地确权的农户作为样本，可能会导致样本的选择偏差，而采用 Heckman-Probit 两阶段模型可避免样本选择的偏差。在 Heckman-Probit 两阶段选择模型中，首先考察哪些因素影响农户对农地确权政策的感知；然后对于感知到农地确权带来变化的农户而言，其农地流转行为决策取决于哪些因素进行分析。

1. 认知模型。农户对农地确权政策感知的影响因素模型如下：

$$P(y = 1 \mid x) = F\left(\alpha + \sum_{j}^{n} \beta_j x_j\right) \tag{6-1}$$

式（6-1）中，因变量为农户对农地确权政策的感知状况，为了得到农户对农地确权政策感知的相关信息，问卷中设计的问题是"与农地确权前相比，您感觉现在您对土地产权的信心或家庭福利是否有变化?"，如果回答有变化，其因变量取值为"1"，否则为"0"。x_j 是影响农户对农地确权政策认知的因素，F 是标准正态分布函数且对所有实数都有 $0 < F(\cdot) < 1$。

2. 行为模型。农地确权对农户农地流转行为决策的影响因素模型如下：

$$y^* = F\left(\alpha + \sum_{j}^{n} \beta_j x_j\right) + \varepsilon \tag{6-2}$$

其中，x_j 是第 j 个影响农户农地流转决策的因素，ε 是随机误差项，y^* 是潜在变量。被观察数据 y 与潜在变量 y^* 的关系如下：

$$y_i = \begin{cases} 0 & y_i^* \leq 0 \\ y_i^* & y_i^* > 0 \end{cases} \tag{6-3}$$

对于因变量，农户进行了农地流转行为，则其值为"1"，否则为"0"。

3. 变量选择。根据本书研究目的和已有研究成果，将影响农户农地确权感知和流转决策行为的自变量分为以下几方面：一是农户个人特征变量，包括年龄、文化程度、是否是村干部、外出务工经历。二是农户家庭特征变量，包括家庭供养比、非农收入占比、是否有家庭成员城镇定居、是否购买社会保险。三是外部环境特征变量，包括村庄离县城距离、村庄类型。四是农地确权及产权认知变量，包括确权政策了解程度、土地产权排他能力认知、土地产权交易能力认知、土地产权处置能力认知、是否同时拥有土地承包经营权证和合同。

在农户产权认知变量中，由于农地确权主要是赋予农民更加安全和完整的土地权利，增强农民对土地产权的安全感和信心。基于此，结合产权内涵（排他权、交易权、处置权），主要从农户对确权政策了解程度、对土地产权的排他能力认知、交易能力认知、处置能力认知和是否同时拥有土地承包经营权证和合同等方面来衡量农地确权对农户农地流转行为的影响。排他能力是指农户对土地产权权属和收益的排他占有能力，涉及的是农户间或农户与其他行为主体间对产权权益的控制和争夺。处置能力定义为农户实施农地用途配置权的能力，涉及的是产权主体自身对农地使用用途的处置。交易能力是指农户实施土地转让交易权的能力，涉及的是农户与其他市场交易主体间土地产权权利的交易和转让。所有变量定义及预期作用方向见表6-1。

表 6-1　　　　　　　　　　　　变量定义

变量名称		变量定义	预期作用方向
农户个体特征	性别	女=0；男=1	不明确
	年龄	20~29=1；30~39=2；40~49=3；50~59=4；60及以上=5	负向
	文化程度	文盲=1；小学=2；初中=3；高中或高职=4；大专及以上=5	正向
	是否村干部	否=0；是=1	不明确
	外出务工经历	无=0；有=1	正向
农户家庭特征	非农收入所占比重	非农业收入占家庭总收入比重	正向
	是否有家庭成员城镇定居	无=0；有=1	正向
	家庭供养比	家庭非劳动力人数与劳动人数比值	负向
	是否购买社会保险	否=0；是=1	正向
村庄类型	村庄类型	普通乡村=1，乡镇驻地=2，城郊结合地=3，既是乡镇驻地又是城郊结合地=4	不明确
	村庄距县城距离	村庄距离县城的实际距离（km）	负向

续表

变量名称		变量定义	预期作用方向
农地确权及产权认知	农地确权政策了解程度	没听说过 =1；听说过一点 =2；一般 =3；基本了解 =4；非常了解 =5	正向
	土地产权排他能力认知	无作用 =1；较弱 =2；一般 =3；较强 =4；很强 =5	正向
	土地产权处置能力认知	无作用 =1；较弱 =2；一般 =3；较强 =4；很强 =5	正向
	土地产权交易能力认知	无作用 =1；较弱 =2；一般 =3；较强 =4；很强 =5	正向
	是否拥有土地承包经营权证和合同	无 =0；是 =1	正向

6.2.2　数据来源及描述性统计

本书所使用的数据来自课题组于 2014 年 7～8 月和 12 月在天津市宝坻区、武清区和山东省临清市、冠县所进行的农户调查，调查问卷主要包含农户的基本信息、家庭特征、农地确权及产权认知等内容。为保证问卷数据质量和样本的代表性，在每一个调查地区首先从乡镇政府部门了解农地确权政策实施的总体情况，每个样本乡镇中随机选择 2～3 个村庄，以入户访谈形式进行调查。经过筛选分析，剔除不符合要求的样本问卷，共获取 1254 份有效样本数据，有效率为 89.57%，样本基本情况见表 6-2。

表 6-2　　　　　　　　　调查农户基本特征描述

统计指标		比例（%）	统计指标		比例（%）
性别	男	68.50	是否村干部	是	7.74
	女	31.50		否	92.26

续表

统计指标		比例（%）	统计指标		比例（%）
年龄	20～29	8.93	文化程度	文盲	7.81
	30～39	25.20		小学	29.67
	40～49	37.24		初中	53.43
	50～59	22.81		高中或高职	8.13
	60 及以上	5.82		大专及以上	0.96

6.3 实证结果分析与讨论

运用 Heckman-Probit 模型进行回归，其模型估计结果见表 6 - 3。Rho 值显著不为零，都在 5% 显著性水平上通过检验，Wald chi^2 在 10% 显著性水平上通过检验，表明样本的确存在选择偏差，农地确权对农户流转行为的两阶段决策存在相互依赖，所以运用 Heckman-Probit 两阶段模型是合适的。

表 6 - 3   **Heckman-Probit 选择模型估计结果**

自变量	认知模型		行为模型	
	系数	Z 值	系数	Z 值
性别	0.086*	1.417	0.073	0.824
年龄	-0.351**	-2.633	-0.204*	-1.526
文化程度	0.076**	2.203	0.155**	2.853
是否村干部	0.264*	1.538	0.073	0.765
外出务工经历	0.047	0.726	0.082*	1.743
非农收入所占比重	0.129	0.472	0.264*	1.545
是否有家庭成员城镇定居	0.067	0.254	0.148	0.379
家庭供养比	-0.205	-0.281	-0.063	-0.280
是否购买社会保险	0.094	0.576	0.127*	1.439

自变量	认知模型		行为模型	
	系数	Z 值	系数	Z 值
村庄类型	0.178	0.643	0.085	0.714
村庄距县城距离	− 0.263 **	− 2.107	− 0.092 *	− 1.690
农地确权政策了解程度	0.481 *	1.462	0.253 *	1.389
土地产权排他能力认知	0.172	0.557	0.174 *	1.452
土地产权处置能力认知	0.204	0.461	0.078	0.185
土地产权交易能力认知	0.358	0.279	0.173 ***	3.262
是否拥有土地承包经营权证和合同	0.067	0.284	0.243 **	2.394
常数项	− 17.634	− 32.176	− 25.306	− 16.274
总样本	1254			
Rho	0.384 **			
Wald chi^2	386.327 *			

注: * 、 ** 、 *** 分别表示在10%、5%和1%水平上显著。

1. 农户个体特征变量的影响。根据回归结果可知，性别在认知模型中通过了显著性检验，这主要与中国农村传统家庭中一般都由男性掌握家庭决策权有关，但在行为模型中不显著。年龄在认知模型和行为模型中都通过了显著性检验，且与预期方向一致，说明农户的年龄越大，理解和接受新政策的能力越差，因此越不愿意进行农地流转。文化程度在两个模型中都通过了显著性检验且系数为正，与预期相符。表明农户的文化程度越高，感知农地确权政策就越明显，进行农地流转行为决策的概率越高。原因在于：文化程度对土地流转具有收入效应和替代效应，可以把文化程度的增加看成是财富的增加，收入效应是由于农户文化水平的提高，掌握了较高的科技知识，可以通过农用地的流转转入土地进行适度的规模经营，提高经营的效率和效益从而获得较高的农用地经营收入；替代效应则是指当农户文化水平提高到一定程度的时候，对农用地流转的认知度和接受度增强，可以将农用地流转出去，减小依附在农用地上的时间和精力，从而用更多的时间来从事非农工作从而增加非农收入。相反，若农户文化程度较低，受传统"土地就是命根子"思维的影响，他们有着浓厚的恋土情结，因而较少有转出土地的意愿；同时由于缺乏科技知识，多采用低投入、低产出的粗放经营方式，无法采用科技手段和机械化生产模式来提高土地规模经营的能力，转入土地的意愿也低。是否是村干部变量的系数为正，且在认知模型中通过了显著性检验，表明村干部在农地确权和农地流转过程中起着一定的模范带头作用。外出务工经历变量在行为模型中通过了显著性检验，这表明农民外出务工时间越长，对农地或农业的依赖越小，所以越倾向于进行农地流转。

2. 农户家庭及村庄特征变量的影响。根据回归结果可知，非农收入比重变量在认知模型中没有通过显著性检验，而在行为模型中则通过了10%水平上的显著性检验。这表明，非农收入越高的农户，其对土地的依赖性越小，因此，更愿意进行土地流转。农户是否购买农村社会保险对农户土地流转决策行为的影响为正，回归系数通过了10%水平上的显著性检验，表明农户参加社会养老保险后，土地流转的概率越大。在农村社会保障普遍较低的情况下，以均分土地为特征的平均主义农地制度，是一种现金型社会保障的有效替代。土地不但能满足农户的生存需要，而且能提供就业机会，在一定程度上起到养老保险的作用。土地对于农户而言，心理的保障作用远远大于经济保障功能。因此，购买社会保险的家庭，土地的保障功能可能有较大弱化，从而农地流转的概率增大。所在村庄距离县城距离在认知模型和行为模型中的系数符号都为负，与预期方向一致，且分别通过了5%和10%的显著性检验，可能的解释在于：离县城越近，农民对土地资产价值的期盼越强烈，从而对农地确权认知比较敏感；而且由于距离县城较近，其非农就业机会相对较多，所以进行农地流转行为决策的概率也就越高。

3. 农地确权及产权认知特征变量的影响。根据回归结果可知，农地确权政策了解程度在认知模型和行为模型中都通过了10%的显著性检验。这表明随着对确权政策的理解加深，农户对政策有着很好的预期和信心，所以会提高其进行农地流转的概率。土地产权排他能力认知和土地产权交易能力认知都在行为模型中对农户的农地流转决策行为具有显著影响，这表明，一方面，如果农户认为他们具有较强的土地产权排他能力，从而可以避免非公益性质的土地征用等行为，对土地产权有着较高的稳定及安全预期。另一方面，较强的土地产权交易能力认知对于以农业为主的农户而言，可以在当前提倡农业适度规模、培育新型农业经营主体的背景下，具有较强的转入农地的内在激励，农地流转的概率较高，对于以非农为主的农户而言，如果在产权交易安全的情况下，他们会通过转出土地，获取租金，使土地的资产价值显现，农地流转概率也较高。

是否拥有土地承包经营权证和合同对农户的农地流转意愿具有显著的正向影响。这说明，农户还是比较注重土地产权的稳定性和安全性，他们并非如经典经济学所描述的追逐收益减成本后的利润最大化方案。由于社会保障制度不健全，以及长久以来"守田为安"传统观念的影响，风险规避成为农户决策中本能的考虑，如果没有承包经营权证书或合同会对农户的农地流转产生抑制作用。同时，流转过程中引起的纠纷、不公平待遇等也会在一定程度上抑制农地流转意愿。在调查中也发现，愿意流转的农户更愿意在流转过程中签订流转合同来规避流转风险。同时，拥有证书或合同在一定程度上也反映了农地流转市场的规范程度，市场越规范，农户参与市场流转的概率就越高。

6.4 研究结论与政策启示

6.4.1 研究结论

基于津鲁两省市 1254 份农户问卷调查数据，采用 Heckman-Probit 两阶段选择模型，实证分析了农地确权政策对农户农地流转决策行为的具体影响，研究结果表明：

1. 农地确权政策确实对农户农地流转决策行为的发生起到了积极的促进作用，而且农民对于细化的土地产权结构还有更深层次的需求。首先，农地确权政策了解程度与农户农地流转概率呈正相关。这表明随着对确权政策的理解加深，农户对政策有着很好的预期和信心，所以会提高其进行农地流转的概率。其次，从不同类型农户来看，较强的土地产权交易能力认知对于以农业为主的农户而言，可以在当前提倡农业适度规模、培育新型农业经营主体的背景下，具有较强的转入农地的内在激励，农地流转的概率较高，对于以非农为主的农户而言，如果在产权交易安全的情况下，他们会通过转出土地，获取租金，使土地的资产价值显现，农地流转概率也较高。此外，是否拥有土地承包经营权证和合同对农户的农地流转意愿具有显著的正向作用。这说明农户还是比较认可有法律保障的农地产权安全性，而不是单单靠传统的非正式制度来约束。

2. 其他控制变量中，年龄、文化程度、外出务工经历、非农收入比重、是否购买社会保险、所在村庄距离县城距离都对农户农地流转行为决策起到正向显著影响。这些因素都为今后促进农户农地流转规模提供了政策改进方向。从实证结果可以看出，农地确权对农户农地流转概率总体上是具有促进作用的，这说明当前国家通过农地确权政策来明确农民对土地的承包权、放活经营权对今后进一步推进农地流转具有积极影响。当前，应该针对农户对农地确权的认知及响应，结合不同类型农户，不断细化农地产权结构、满足不同农户的产权需求是提升农地流转规模的主要方向。

6.4.2 政策启示

基于以上研究结论，可以得出如下几点政策启示。

1. 进一步明确和界定土地产权结构，提高土地承包经营权的灵活性，满足农民多样化的产权需求。

根据实证分析结果可以发现，对产权交易能力认知对农户农地流转决策的影响显著。所以，一方面，农地产权要实现"三权分离"，关键是分离的产权能否交易。如果不能交易，再明确的产权也没有价值。从现实实践来看，农民进行流转和抵押的基本是土地经营权或使用权。也就是说，在农村土地"三权分离"后，能够进行市场交易的，只有土地经营权，不包括土地承包权。对于想转出土地进城务工或定居的农户来讲，如果其土地承包权不能得到很好的处理，就很难轻易放弃这种权利，进而就会始终游离于城市和农村之间。所以，应逐步解除土地使用权、收益权的"非转移性"及封闭性，鼓励有条件和能力的农民"市民化"。另一方面，党的十八届三中全会和 2014 年中央一号文件明确提出，赋予农村土地承包经营权抵押、担保权能，允许土地承包经营权向金融机构抵押融资，这就赋予了承包地新的权能。但从实际调研来看，由于存在产权抵押缺乏制度设计、产权价值难以评估、缺乏可操作的产权交易平台及产权担保缺乏有效监督机制等问题。因此，应该进一步细化和明确"三权分离"，充实和完善每一种权能的内涵和权益实现机制，以便和农业经营规模、新型城镇化、农业人口转移同步。

2. 进一步培育和增强农户的资源禀赋优势，为促进农地流转提供良好的政策环境。根据实证分析结果发现，文化教育程度对农地流转决策行为具有正向影响，所以应该加大对农民的人力资本投资，进一步提高包括正规教育和非正规教育在内的农民受教育水平，加强对在业或转业农民的技术培训，提高他们的从业技能和从业资质；应破除社保制度、户籍制度对农地流转的束缚作用，通过有效政策组合来降低农村人口向城市完全迁移的障碍，并创造条件保证农地产权稳定和农民的土地权益。健全农村养老保险和失业保险等社会保险体系，形成对家庭收入风险的有力规避，减轻农户因农地流转带来的不利影响，从而提高其效用和福利水平。

3. 加大对农地确权政策的宣传力度，让农户对农地确权的内涵及目的有完整和正确的认识。根据实证分析结果发现，对农地确权政策的了解程度也是影响农户农地流转决策的重要因素。在实际调查中发现，农地确权政策宣传力度不够，很多基层的农民群众并不明白为什么要进行农地确权，很大一部分农民认为该政策只是国家为了加强对农村土地的控制和管理。因此，应全面组织和开展对农地确权政策的宣传和发动工作，让广大群众全面认识到对农地确权的重要性及必要性，确保做到使农地确权政策的宣传家喻户晓，宣传到每个村组以及农户，帮助他们了解农地确权的主要目的、内容以及相应的配套政策，要积极争取广大群众对农地确权的理解、支持和真心拥护，使农民认识到农地确权的核心是还权赋能，有利于明晰农村土地的产权归属，保护农民的土地财产权和减少土地纠纷，这将直接关系到他们未来的生计和生活质量。

第7章　农户分化视角下农地确权
政策的实施效果评估

土地制度改革是农村改革的核心。作为激活农村土地这一重要发展要素的基础性政策，近年来农村土地确权被寄予了最大关注和期望，甚至被称为"二次土改"。为了从农户层面考察农地确权政策的实施效果，本章基于农户问卷调查数据，从农户生计多样化视角入手，采用 Heckman-Probit 两阶段模型，对不同生计类型农户关于农地确权政策实施效果的评价及影响因素进行了实证分析，希望相关部门在决策时更加关注不同生计类型农户影响因素的异同，为决策部门提供思路参考和理论支持。

7.1　引　　言

农地流转是我国继家庭承包责任制以来的又一次自发制度变迁，对于促进农村发展、提高农民收入等曾具有积极影响。但由于农村集体土地产权关系不明确，土地利益分配不合理，尤其是农民对土地产权的稳定性或安全性不明确，直接影响了农村土地流转的实际效果（周靖祥，2011），不利于农村资源要素的优化配置。对此，国家也不断进行农村土地制度的"增量改革"以健全农民土地权能，加快农地流转市场化步伐，建立健全高效、公平、规范的农地流转市场体系，实现农业适度规模经营，尤其是 2010 年中央一号文件首次明确提出，加快农村集体土地所有权、宅基地使用权、集体建设用地使用权等确权登记发证工作。国家试图通过农地确权政策，建立归属清晰、权能完整、流转顺畅、保护严格的农村集体土地产权制度，从而激发农业农村发展活力及保障农民土地权益。在实际工作推进中，从 2009 年开始，开展土地承包经营权确权登记颁证试点工作，目前已进行了四个阶段：2009~2010 年，以村组为单位，以 8 个村为试点，探索整村推进；2011~2013 年，以乡镇为单位，在数百个县开展试点；2014 年，以县为单位，首次在 3 个省份开展整省试点；目前已进入第四个阶段，2015 年，新增江苏、江西、湖北、湖南、甘肃、宁夏、吉林、贵州、河南 9 个省区纳入"整省推进"的试点中来。试点实践表明，农地确权在保障农民财产权益方面起到了关键性作用，对促进农业发展、农民增收与农村和谐举足轻重，对改造农村微观经济组织，推动农村市场经济发展和城镇化进程，起到了十分积极的作用，为进一步推动农村改革与发展创造了必要条件。

然而，对农民来说，土地是"命根子"，承载着他们的希望，任何关于土地的制度，都会触动农民的敏感神经。而且，随着工业化与城镇化的快速推进，在政策放宽、非农就业机会增加、农业比较效益下降等的刺激下，大量农村劳动力向城镇非农产业转移，农户生计类型向非农化转型（向国成，2005），出现不同生计类型的农民群体。虽然农地确权政策对不同生计类型的农户具有不同的用途和作用，但是农地确权的最终目的是使整个农村地区居民的福利及权益得到改善和保障，使不同生计类型的农户得到最大限度的满足及预期效应。由于不同生计类型的农户对农地确权及土地产权的需求存在明显的目标差异和心理偏好差异，对农地确权政策实施效果的感受和评价会存在显著的差别。因此，衡量农地确权政策是否达到预期的理想目标，最有效、最可行的方法就是在考虑农户生计多样化的基础上，从农户视角对农地确权政策实施效果进行客观公正的评价，这对下一步完善及优化农地确权政策安排具有重要的指导意义。作为农地确权政策的最终受益者及感受者，农民要使自己的真实想法得以真正地体现，就必须对政府实施的农地确权给予评价，这也是农民评价政府部门成效的一个重要的衡量标准。充分考虑不同生计类型农户对农地确权政策实施效果的评价，充分尊重不同生计类型农民的需求意愿，对于健全和完善农地确权和土地制度具有重要的促进作用。

因此，以农地确权政策实施效果评价为研究目标，在实地调查的基础上，从农户生计多样化视角入手，探究农地确权政策的实施效果，并探索影响农地确权政策效果的主要影响因素。

7.2　文　献　简　评

当前学术界对农地确权政策的研究还比较稀少，由于农地确权政策主要通过依法确认和保障农民土地用益物权，建立健全归属清晰、权责明确、保护严格、流转顺畅的现代农村产权制度，增强农民对土地产权稳定性的预期及信心，所以，我们将主要从农地产权及政策效果评估两方面进行文献回顾。

农地是农业生产的基本要素，农地产权制度是农村土地制度的核心。自 20 世纪 70 年代以来，学者们对我国农地产权政策表现出极大的关注，尽管他们的学术观点仁者见仁，智者见智，但其丰富的思想内涵，为研究我国农地产权制度提供了丰富的营养。其研究内容可以归纳为三个方面：

第一，农地产权制度演进与改革研究。深化农村土地产权改革必须解决的带有根本性的问题是如何维护农民的土地所有权，保障农民的合法权益（许经勇，2008）。因此，从土地产权改革的方向看，应把重点放在夯实土地他物权，彻底物权化，以个体权利拘束公权力上，积极发展衍生地权工具及其相关联的产权交易（吴次芳等，2010）。何一鸣、罗必良（2013）研究发现，我国农村土地产权主体归属问题在立法方面已经表现出明显的清晰化走势，只是地方政府出于自身利益利用"公共利益"界定的模糊性随意使用农地征用权。游和远（2014）研究发现，基于农地家庭承包制，提高农户的地权收益权利，科学配置农地处置权利，是追求农地适度规模经营目标下更加合理的农地制度改革路径。可见，产权的完整化和完全化，即农地产权的个人化程度不断提高将是我国农地产权演进的趋势（郭忠兴，2012）。

第二，农地产权稳定性及其绩效研究。目前，有关研究表明，增强土地产权稳定性、签订发放书面证书能够促进农地流转市场的发展（韩俊，2008）。此外，众多学者针对我国土地产权稳定性与农民的投资积极性进行了实证分析，大多数研究认为土地产权的不稳定对于农民的投资激励或土地利用有着负面影响（俞海，2003；潘倩，2013）。但也有研究认为土地承包权的不稳定性对于农业生产的负面影响并不那么明显（陈铁，2007；钟甫宁，2009）。为了追求效率和减少贫困，许多发展中国家都十分关注土地登记发证及提高土地产权安全性等工作（Adenew，2005）。众多研究表明，通过实行土地登记发证、增强土地产权稳定性能在一定程度上提高农业产业绩效和对土地投入的积极性（Fort，2008；Bouquet，2009；Sklenicka，2014）。Hare（2013）分析了越南农地产权制度改革的起源与影响。通过研究发现，导致产权私有化的出现条件与农村集体土地使用证书的拥有比例相关。

第三，农户对农地产权的认知及需求研究。根据产权理论，明晰产权可以促进自发的市场交易，而模糊的产权配置或对产权模糊的认知会阻碍自发地对双方有益的交易。如果农民对农地产权的认知存在偏差，势必会影响农地流转（曾福生，2012）。一般而言，农民认知水平越高，农地制度边界就越小，制度效率就越高（徐美银，2008）。陈胜祥（2009）也发现，农民对土地所有权的认知并非是通过法律文本宣传教育的结果，而是农民作为农地制度认知主体自主建构土地产权象征意义的过程。张沁岚等（2014）通过实地调研也发现，农户的确权意愿非常高，超过 90% 的受访者希望能尽快确权，而且半数以上认为应当确权到户，借此重新厘清与集体组织的关系，确保自己合法的土地权益。

目前学术界对农地确权政策的效果评估研究还处于空白状态。但对于与农地确权政策相近的退耕还林政策、农业补贴政策、新农合政策等实施效果评估，已有不少学者进行了相关的探索和研究。其主要内容可归纳为以下两方面：

第一，关于政策效果评估方法的探讨。田秀娟（2010）等以新型农村合作医疗对医疗卫生机构影响的研究为例，结合国际上有关项目（干预）效果评估的理论与方法，阐述因果效应、内部有效性等政策效果评估的有关概念，并介绍准实验设计、自然实验、倍差模型、倾向得分匹配等政策效果评价领域的经典理论和最新研究方法。Heinrich（2009）研究德国农业环境项目（AEP）对农户农业产出影响时发现，农户是否参与 AEP 存在较明显的自选择，因此采用半参数回归的倾向评分匹配法来减少选择偏差。Lynch 等（2007）采用非参数回归的倾向评分法分析美国马里兰地区实施的农地保护项目（MALPF）对农产品销售价格的影响。针对中国退耕还林的研究，常用基于农户退耕前后个体数据所构成的面板数据，通过引入虚拟解释变量，采用面板回归或倍差回归（DID）的方法。例如，Uchida 等（2005）基于宁夏和贵州 144 户农户的调查数据，采用多元选择模型对影响退耕决策的因素进行分析；同时，采用倍差法对退耕和非退耕两组户净收益进行分析。

第二，关于对政策实施绩效的具体探讨。朱长宁、王树进（2014）采用双重差分模型定量评估退耕还林工程实施对当地农户收入的影响，结果表明，退耕还林工程的持续推进及配套政策措施的出台，对增加农民收入、促进非农就业和改善农民生计都产生了较为显著的正效应。但也有部分学者认为退耕还林工程实施的效果未能达到预期目标，认为退耕还林工程在促进农民增收和农业产业结构调整方面作用很小，对非农就业的促进效果也不理想（易福金，2006；李树苗，2010）。钟甫宁等

（2008）分析了农业补贴政策的收入分配效应，实证研究发现，农业税减免和粮食直接补贴政策的主要作用是提高地租，增加土地所有者的收入，而对资本和劳动的价格影响不大。陈美球等（2014）实证分析了农业补贴政策对农户耕地保护行为的影响，研究表明，农业补贴政策总体上对农户耕地保护行为具有一定的促进作用，但不同农业补贴政策对不同类型的农户耕地保护行为其激励效果不一样。

从上述文献回顾来看，既有研究主要对农村土地产权稳定性及相关政策效果评估进行了系统分析。在对政策实施效果评估时，主要采用倍差法、倾向得分匹配法进行了定量分析。而对于农地确权政策的实施效果评估则鲜有学者进行探讨。同时，目前还没有学者从农户生计多样化的视角来评价农地确权政策的实施效果。而且有关政策效果评价研究，主要从农民个人特征、农户家庭特征和区域经济水平等角度选取变量，忽略了农民的心理认知状况，即农民对农地确权政策的理解程度。鉴于此，本书将涉及农民的理解认知、参与感受状况统一定义为农户心理认知，作为重要变量加以考虑，并利用津鲁两省市 1254 份农户调查数据，基于农户生计多样化视角，评价农地确权政策的实施效果，并运用 Heckman-Probit 两阶段模型实证分析影响不同生计类型农户评价农地确权政策效果的主要因素，以期为完善农地确权政策及土地产权制度改革提供科学依据。

7.3 研究方法与数据来源

7.3.1 模型设定及变量选取

农户对农地确权政策实施效果的评价过程可分为两个阶段：首先是

农民对农地确权政策实施带来的各种变化的认知，只有感知到农地确权实施后带来的各种影响变化，才会对该政策做出的客观、公正的评价。因此，农户对农地确权政策实施效果的评价是两个有先后顺序并且相互依赖的阶段，如果只选择那些认知到变化的农户作为样本，可能会导致样本的选择偏差，而采用 Heckman-Probit 两阶段模型可避免样本选择的偏差。第一阶段，如果农户感觉到农地确权政策实施后有变化，则记为 1，如果感觉无变化，则记为 0。第二阶段，农户对农地确权政策实施效果的评价属于有序分类变量，按照李克特量表将农户对农地确权政策实施效果的评价结果划分为 5 个层次：很好、较好、一般、不好、很不好。由于篇幅所限，并根据研究目的，省略了第一阶段的模型形式和估计结果，只给出了第二阶段的模型形式和估计结果，即农户对农地确权政策实施效果评价的影响因素模型如下：

$$Y^* = \alpha_j x_j + \varepsilon \tag{7-1}$$

其中，被解释变量 Y^* 是一个无法观测的潜变量，由解释变量决定，α 是待估参数，ε 是随机误差项。潜变量 Y^* 与观测变量可以通过此函数来表示，即 $T_j = Y_j^* \ (y_j^* > 0)$。显然，只有在观测到 $y_i = 1$（表示第一阶段农户感受到了农地确权带来的变化）时，才有农户对该政策实施效果的评价 Y_j。因此，第二阶段中的农户对农地确权政策实施效果评价模型（7-1）就可以转化为如下的实际应用模型：

$$Y_j^* = \alpha_0 + \alpha_1 x_1 + \alpha_2 x_2 + \cdots + \alpha_k x_k + \varepsilon \tag{7-2}$$

其中，Y^* 是潜在变量，代表农户对农地确权实施效果的评价结果，$x_j (j = 1, 2, \cdots, k)$ 代表 k 个影响农户感知农地确权政策带来变化后对其实施效果评价的因素，包括农户性别、年龄、文化程度、是否村干部、土地经营规模、家庭供养比、家庭年均收入、农业收入所占比重、村庄类型、所在地距县城距离、农地产权认知、农地确权政策了解等，ε 是随机误差项。

本书选取农户对农地确权政策实施效果的主观评价为因变量，选取

5 大类共 16 个自变量,即农户个体特征(性别、年龄、文化程度、是否村干部、外出务工经历)、农户家庭特征(农业收入所占比重、家庭年均收入、土地经营规模、家庭供养比)、村庄类型(村庄类型、所在地距离县城距离)、农户心理认知(确权政策了解程度、土地产权排他能力认知、土地产权交易能力认知、土地产权处置能力认知、政策对解决实际困难的作用)。

在农户心理认知变量中,由于农地确权主要是赋予农民更加安全和完整的土地权利,增强农民对土地产权的安全感和信心。基于此,结合产权内涵(排他权、交易权、处置权),主要从农户对确权政策了解程度、对土地产权的排他能力认知、交易能力认知、处置能力认知和确权政策解决实际困难作用等方面来衡量农户对农地确权实施效果的认知。排他能力是指农户对土地产权权属和收益的排他占有能力,涉及的是农户间或农户与其他行为主体间对产权权益的控制和争夺。处置能力定义为农户实施农地用途配置权的能力,涉及的是产权主体自身对农地使用用途的处置。交易能力是指农户实施土地转让交易权的能力,涉及的是农户与其他市场交易主体间土地产权权利的交易和转让。解决实际困难的作用主要指通过确权减少土地纠纷、增加农民收入、维护农民土地权益等方面。所有变量定义及预期作用方向见表 7 – 1。

表 7 –1 　　　　　　　　　　变量定义

变量名称		变量定义	预期作用方向
因变量			
农户对农地确权政策实施效果评价		很不好 =1,不好 =2,一般 =3,较好 =4,很好 =5	—
自变量			
农户个体特征	性别	女 =0;男 =1	不明确
	年龄	20 ~ 29 =1;30 ~ 39 =2;40 ~ 49 =3;50 ~ 59 =4;60 及以上 =5	负向

变量名称		变量定义	预期作用方向
自变量			
农户个体特征	文化程度	文盲 =1；小学 =2；初中 =3；高中或高职 =4；大专及以上 =5	正向
	是否村干部	否 =0；是 =1	不明确
	外出务工经历	无 =0；有 =1	正向
农户家庭特征	农业收入所占比重	农业收入占家庭总收入比重	不明确
	家庭年均收入	家庭年平均收入（元）	不明确
	家庭供养比	家庭非劳动力人数与劳动人数比值	负向
	土地经营规模	实际面积（亩）	正向
村庄类型	村庄类型	普通乡村 =1，乡镇驻地 =2，城郊结合地 =3，既是乡镇驻地又是城郊结合地 =4	正向
	村庄距县城距离	村庄距离县城的实际距离（km）	负向
农户心理认知	农地确权政策了解程度	没听说过 =1；听说过一点 =2；一般 =3；基本了解 =4；非常了解 =5	正向
	土地产权排他能力认知	无作用 =1；较弱 =2；一般 =3；较强 =4；很强 =5	正向
	土地产权处置能力认知	无作用 =1；较弱 =2；一般 =3；较强 =4；很强 =5	正向
	土地产权交易能力认知	无作用 =1；较弱 =2；一般 =3；较强 =4；很强 =5	正向
	解决实际困难的作用	无作用 =1；较弱 =2；一般 =3；较强 =4；很强 =5	正向

7.3.2　数据来源及描述性统计

本章所使用的数据来自课题组于 2014 年 7~8 月和 12 月在天津市宝坻区、武清区和山东省临清市、冠县所进行的农户调查，调查问卷主要包含农户的基本信息、家庭特征、农地确权政策认知等内容。为保证问卷数据质量和样本的代表性，在每一个调查地区首先从乡镇政府部门了解农地确权政策实施的总体情况，对当地农户按照生计类型划分为 4 个类别，从各类别的农户中随机抽取相应数量的样本，以入户访谈形式进行调查，由此确保调研样本精确性。经过筛选分析，共获取 1254 份有效样本数据，有效率为 89.57%，样本基本情况见表 7 - 2。

表 7 - 2 调查农户基本特征描述

统计指标		比例（%）	统计指标		比例（%）
性别	男	68.50	是否村干部	是	7.74
	女	31.50		否	92.26
年龄	20~29 岁	8.93	文化程度	文盲	7.81
	30~39 岁	25.20		小学	29.67
	40~49 岁	37.24		初中	53.43
	50~59 岁	22.81		高中或高职	8.13
	60 岁及以上	5.82		大专及以上	0.96

7.3.3 农户生计类型划分

按非农化程度的高低以及农户生计多样化的差异，综合已有农户类型划分的研究成果（张丽萍，2008；马志雄，2013），以家庭主要劳动力的投入方向、家庭主要收入及所占比重为标准，将农户生计类型划分为 4 组：纯农户、一兼户、二兼户、非农户。划分农户类型时，首先根据农户生计活动中有无非农活动将农户初分为纯农户、兼业户和非农户。然后按照非农收入占家庭总收入的比重将兼业户进行细分，非农收入占家庭总收入比例低于 50% 的农户为一兼户，非农收入占家庭总收入比例大于等于 50% 低于 95% 的为二兼户，非农收入占家庭总收入比例大于等于 95% 的农户为非农户。在此基础上，根据初步分类结果，在参考农户反馈意见的基础上对结果进行修正、检验。

　　根据所调查的 1254 户样本农户分类，纯农户有 230 户，占总样本数比例为 18.34%；一兼型农户有 372 户，占总样本数比例为 29.67%；二兼型农户有 435 户，占总样本数比例为 34.68%；非农型农户有 217 户，占总样本数比例为 17.30%。

7.4　实证分析结果与讨论

7.4.1　农户对农地确权政策实施效果的总体评价

　　首先，根据调查问卷数据整理，农户对农地确权政策实施效果的总体评价见表 7 - 3。评价结果为"不好"和"很不好"的占比为 17.63%，"一般"的为 41.47%，评价结果为"较好"和"很好"的占比仅为 40.90%。可见，农地确权政策实施效果并不理想。

表 7 - 3　　　　　农户对农地确权政策实施效果评价结果　　　　　单位:%

实施效果	很不好	不好	一般	较好	很好
农户整体	4.31	13.32	41.47	31.34	9.56
纯农户	3.04	12.61	41.74	30.43	12.18
一兼型农户	5.65	16.67	38.17	29.84	9.67
二兼型农户	4.83	12.64	43.45	31.72	7.36
非农型农户	2.19	9.68	42.86	34.10	11.17

　　其次，从不同生计类型农户评价看，农户对农地确权政策实施效果评价结果为"一般"的占比最大，都处于 40% 左右；而评价为"很好"的占比较小，并呈现 U 形态势。

　　总体来看，认为农地确权政策实施效果一般、不好或很不好的农户仍有较大部分，这一方面说明对农地确权政策实施效果不满意的农户仍占较大比例，而这会影响农地确权政策的进一步推进；另一方面也说明农地确权的政策设计及改革还需进一步提高。

7.4.2 模型估计与结果分析

对于影响农户对农地确权实施效果评价的因素，运用 Heckman-Probit 模型进行回归，其模型估计结果见表 7 – 4。Rho 值显著不为零，都在5% 或 10% 显著性水平上通过检验，Wald chi^2 分别在 1%、5% 或 10% 显著性水平上通过检验，表明样本的确存在选择偏差，农户的两步感知评价存在相互依赖，所以运用 Heckman-Probit 两阶段模型是合适的。

表 7 – 4 Heckman-Probit 模型估计结果

自变量	全部农户	纯农户	一兼型农户	二兼型农户	非农型农户
性别	0.127	0.235	0.246	0.174	0.108
年龄	- 0.206 *	- 0.193 ***	- 0.137 **	- 0.072	0.086
文化程度	0.086 **	0.273 ***	0.095 **	0.183 *	0.342 *
是否村干部	0.372	0.164 *	0.087 *	0.275	0.164
外出务工经历	- 0.154 **	- 0.058 *	- 0.076 *	- 0.163 **	0.219 *
农业收入所占比重	- 0162 *	- 0.172 **	- 0.064 *	- 0.246	0.073
家庭年均收入	0.067	- 0.124	- 0.238	0.075	0.146 *
家庭供养比	- 0.245	- 0.081	- 0.163	- 0.383	- 0.294
土地经营规模	0.214 **	0.186 ***	0.057 *	0.089	0.076
村庄类型	0.075 *	0.143	0.082	0.214	0.162
村庄距县城距离	- 0.243	- 0.085	- 0.172	- 0.096	- 0.204
农地确权政策了解程度	0.381 ***	0.162	0.273	0.089 *	0.207 *
土地产权排他能力认知	0.082	0.157 ***	0.094 **	0.256	0.135
土地产权处置能力认知	1.762 *	0.264	0.148	0.085 *	0.173 **
土地产权交易能力认知	0.159 **	0.076 **	0.243 *	0.182 *	0.096 **

续表

自变量	全部农户	纯农户	一兼型农户	二兼型农户	非农型农户
解决实际困难的作用	0.069 *	0.184 *	0.243	0.094	0.087 *
常数项	-24.625	-37.832	-19.386	-26.374	-21.293
总样本	1254	230	372	435	217
Rho	0.354 **	0.289 *	0.412 **	0.371 **	0.338 **
Wald chi^2	516.377 ***	426.495 **	364.81 **	297.356 **	342.564 **

注：* 、** 、*** 分别表示在10%、5%和1%水平上显著。

由表7-4可知，从农户整体情况看，年龄、文化程度、外出务工经历、农业收入所占比重、土地经营规模、村庄类型、农地确权政策了解程度、土地产权处置能力认知、土地产权交易能力认知及解决实际困难的作用是影响农户评价农地确权政策实施效果的重要因素。从不同生计类型农户看，各影响因素的具体作用如下：

1. 农户个体特征变量的影响。根据回归结果可知，年龄因素对纯农型农户和一兼型农户的政策实施效果评价具有显著的负向影响，这与预期方向一致，并分别在1%和5%水平上通过显著性检验。这主要是因为年龄越大，这两种类型的农户主要依靠农业生产的农户对农地确权政策的效果期望越高，越希望确权政策能带给他们短期内实现的各种经济利益，比较关注短期的效果，如农业收入增加等，忽略了政策的长期效果。而对于二兼型农户尽管方向是负向关系，但并不显著。对于非农型农户来讲，系数符号为正，与预期方向不一致，可能的原因是非农型农户完全主要依靠非农收入来源，对于农业收入或农业生产并不关心，由于主要从事非农就业，可能了解的更多的是宏观层面的政策效果或积极影响。

文化程度变量则对所有类型农户的政策实施效果评价均具有显著的正向影响，这与预期方向一致。即文化程度越高的农户对确权政策实施效果评价越高。这可能归结于文化程度较高的农户具有较强的确权政策的理解和获取能力，能考虑到政策的长期效果，从而对农地确权政策的实施效果评价就较高。是否村干部变量只对纯农户和一兼型农户具有正向的显著作用，主要是因为这两类中的村干部以农业生产为主，并且作为村干部对确权政策的具体内涵和实施都具有深刻的理解，并持有明确且长远的积极评价。外出务工经历对所有类型农户的政策实施效果评价都具有显著的影响，且都通过了显著性检验。但从系数符号上来看，对纯农户、一兼型和二兼型农户的影响与预期方向不一致，对非农型农户的影响与预期方向一致。可能的原因在于非农型农户主要是以非农就业为主，很少或基本不接触具体农业生产，所以可能更多的是从政策或宏观层面了解的确权政策实施的效果，没有从实际农业生产的角度进行评价。

2. 农户家庭特征变量的影响。根据回归结果可知，农业收入所占比重对纯农户和一兼型农户关于农地确权政策实施效果的评价有负向显著影响，这可能是由于纯农户和一兼型农户的家庭收入来源以农业收入为主，对农业收入越看重，想获得的政策实施效果要求越高，因而对农地确权政策实施效果的满意度就低。家庭年均收入变量只对非农型农户的影响显著，且呈现正向影响，即年均收入越高的非农型农户，对农地确权政策实施效果的评价也就越高。这可能与以非农收入作为家庭主要经济来源的非农型农户特征有关，在追求非农收入最大化过程中，更倾向于将劳动、资本等要素投入到非农产业，忽视了对农业生产条件及绩效的关注，仅依靠理论层面的理解去评价政策实施效果。土地经营规模对纯农户和一兼型农户关于确权政策实施效果的评价具有显著的正向影响，这主要是因为对于实行规模经营的纯农户或一兼型农户来讲，他们可以通过农地确权政策来保障农地流转过程中的产权安全及增强他们对未来土地产权稳定的预期和信心。而且从回归系数符号来看，也与预期方向一致。

3. 村庄类型特征变量的影响。根据回归结果可知，村庄类型对纯农户关于农地确权政策实施效果的评价具有正向的显著影响。可能的原因在于村庄类型越好，农地确权政策的实施过程及程序越规范，从而获得主要从事农业生产的纯农户的较高评价。但对其他三种类型农户的影响系数没有通过显著性检验。村庄距县城的距离对所有类型农户评价农地确权实施效果的影响不显著。

4. 农户心理认知特征变量的影响。根据回归结果可知，农地确权政策了解程度只对二兼型农户和非农型农户的评价具有显著的正向影响，对于纯农户和一兼型农户的影响则不显著，但影响方向都与预期一致。可能的原因在于，二兼型和非农型农户的主要收入来源为非农就业，他们不依靠现实的、短期的农业经营收入，随着对确权政策的理解加深，他们对政策的长期实施效果有着很好的预期和信息，所以评价也就较高。而纯农户和一兼型农户的主要收入来源为农业经营收入，他们可能更加关注短期内改政策实施带来的实际效果。

土地产权排他能力认知对于农户关于确权政策实施效果评价的影响，在不同类型农户中存在差异。对于纯农户和一兼型农户而言，产权排他能力认知存在显著的正向影响，但对于其他类型农户而言，正向影响并不显著。对于纯农户而言，该变量回归系数在 1% 水平上显著；对于一兼型农户而言，该变量的回归系数在 5% 水平上显著。这表明纯农户和一兼型农户的产权排他能力认知越强，其对农地确权政策实施效果的评价越高。可能的解释是：纯农户和一兼型农户是农业生产中相对稳定的耕作者，日常生活主要依赖农地收益，他们所要求的是"保留农地"不被征用，通过农地确权颁证，给予此类型农户更加明确的产权稳定预期。

关于土地产权处置能力认知，从回归系数的作用方向看，对所有类型农户而言，用途处置能力认知越强，对确权政策实施效果评价越高。但从显著性程度看，仅对于二兼型和非农型农户的评价产生显著的正向影响。其原因可能在于：对于二兼型农户和非农型农户而言，其就业、收入和保障不完全依赖农业和农地，在一定的非农收入支持下，他们已经积累了一定的资本，当有能力将农地配置到其他用途尤其是非农用途时，即通过自建厂房招商、自建较大面积住房等方式获取土地的级差收益，此时，如果他们对土地产权处置能力认知越强，就会激励他们这种行为，所以会对政策实施效果给予较高的评价。

土地产权交易能力认知对四种类型农户关于农地确权政策实施效果评价均具有显著的正向影响，但却存在一定的差异性。对于纯农户和非农型农户而言，该变量均在5%的水平上显著，而一兼型和二兼型农户则在10%的水平上显著，显著性程度相对较低。可能的解释在于：对于纯农户而言，主要从事农业生产和依靠农业收入生活，在当前提倡农业适度规模、培育新型农业经营主体的背景下，通过农地确权，可以增加他们对土地流转的安全预期，进而对政策实施效果给予较好评价；对于非农型农户而言，由于他们主要从事非农就业，如果在产权交易安全的情况下，他们会通过转出土地，获取租金，使土地的资产价值显现，所以，该类型农户对产权交易能力认知越强，对确权政策实施效果的评价也就越高。而对于一兼型农户和二兼型农户而言，尽管他们也从事非农就业，但更多的是在农闲时间或者有剩余农业劳动力的情况下进行，他们的生活在很大程度上还依靠农业生产或农业收入，对产权交易的期望也不如纯农户和非农型农户强烈，故显著性程度相对较低。

一般而言，解决实际困难是确权政策实施效果的最直接体现。根据回归结果可知，该变量对纯农户和非农型农户的影响具有显著的正向影响，均在10%水平上通过了显著性检验，对一兼型和二兼型农户的影响没有通过显著性检验，但影响方向与预期一致。可能的原因在于：通过农地确权，使农民对农地产权的稳定性具有更强的信心和预期，尤其是在提倡农地适度规模经营的背景下，使得纯农户和非农型农户具备了进行土地流转的内在激励，从而更能直接感受到确权政策实施带来的实际效果。

7.5　研究结论及政策启示

7.5.1　研究结论

本章基于农户生计多样化的视角，利用天津市宝坻区、武清区和山东省临清市、冠县 1254 份农户调查数据，考察农户对农地确权政策实施效果的总体评价情况，运用 Heckman-Probit 两阶段模型对影响不同类型农户关于农地确权政策实施效果评价的因素进行实证分析，得到如下结论：

第一，从整体情况看，农户对农地确权政策实施效果的总体评价并不理想，农户评价农地确权政策实施效果的影响主要来自年龄、文化程度、外出务工经历、农业收入所占比重、土地经营规模、村庄类型、农地确权政策了解程度、土地产权处置能力认知、土地产权交易能力认知及解决实际困难的作用。

第二，不同生计类型农户对农地确权政策实施效果评价的影响因素存在差异：对于纯农户而言，其显著的影响因素包括年龄、文化程度、是否村干部、外出务工经历、农业收入所占比重、土地经营规模、村庄类型、土地产权排他能力认知、土地产权交易能力认知及解决实际困难的作用；影响一兼型农户评价的主要因素来自年龄、文化程度、是否村干部、外出务工经历、农业收入所占比重、土地经营规模、土地产权排他能力认知、土地产权交易能力认知；对于二兼型农户而言，其显著的影响因素包括文化程度、外出务工经历、农地确权政策了解程度、土地产权处置能力认知、土地产权交易能力认知；对于非农型农户而言，其显著的影响因素包括文化程度、外出务工经历、家庭年均收入、农地确权政策了解程度、土地产权处置能力认知、土地产权交易能力认知及解决实际困难的作用。总体来看，影响纯农户与一兼型兼农户的因素具有较大相似性，而影响二兼型农户与非农型农户的因素也具有较大相似性，这可能与农户的生计类型有关。

7.5.2 政策启示

基于以上研究结论，可以得出如下几点政策启示。

第一，进一步明确和界定土地产权结构，满足不同生计类型农户的产权需求。尽管目前农地"三权分离"的框架已经明确，但仍需在此基础上考虑到不同生计类型农户差异化影响因素，进一步对农地产权做细化和界定，以使其符合不同类型农户和农业现代化的需要。

根据实证分析结果可以发现，对产权交易能力认知对所有类型农户的影响都显著，尤其是对于非农型农户和纯农户。所以，一方面，农地产权要实现"三权分离"，关键是分离的产权能否交易。如果不能交易，再明确的产权也没有价值。目前在我国的法律或文件中，明确土地权益交易的是农地承包经营权的流转和抵押。但从现实实践来看，农民进行流转和抵押的基本是土地经营权或使用权。也就是说，在农村土地"三权分离"后，能够进行市场交易的，只有土地经营权，不包括土地承包权。对于非农型农户来讲，如果其土地承包权不能得到很好的处理，就很难轻易放弃这种权利，进而就会始终游离于城市和农村之间。即使城市通过改革解决外来人口的公共权益问题，也难以真正解决这部分农民的市民化问题。所以，应逐步解除土地使用权、收益权的"非转移性"及封闭性，鼓励有条件和能力的非农型农户"市民化"。

另一方面，党的十八届三中全会和 2014 年中央一号文件明确提出，赋予农村土地承包经营权抵押、担保权能，允许土地承包经营权向金融机构抵押融资，这就赋予了承包地新的权能。但从实际调研来看，由于存在产权抵押缺乏制度设计、产权价值难以评估、缺乏可操作的产权交易平台及产权担保缺乏有效监督机制等问题，农户对土地产权处置、交易能力认知都比较弱，导致对农地确权政策实施效果的较低评价。因此，应该进一步细化和明确"三权分离"，充实和完善每一种权能的内涵和权益实现机制，以便和农业经营规模、新型城镇化、农业人口转移同步。

第二，进一步培育和增强不同生计类型农户的资源禀赋优势，为农民类型分化提供良好的政策环境。根据实证分析结果发现，文化教育程度对确权政策实施效果具有正向影响，所以应加大对不同生计类型农民的教育和培训，让更多的职业培训普及到农村各职业阶层，促进农村人力资本积累，如加大对纯农户向职业农民转变的培训力度，增强非农型农户的非农就业能力等；还应进一步完善产业政策、就业政策和社保制度，使不同生计类型农民能充分享受到各种土地财产权益，为农民生计类型彻底分化和显化农村土地资产价值提供良好的政策环境。总之，不同生计类型农户对确权政策实施效果评价受到多种因素影响。但推进农地确权的关键在于提高农户对确权政策认知与积极性的同时，除了前面提到的完善权能和结构，还应积极出台相应配套措施，为不同类型农户营造良好的制度环境。

第三，加大对农地确权政策的宣传力度，让农户对农地确权的内涵及目的有完整和正确的认识。根据实证分析结果发现，对农地确权政策的了解程度也是影响农户评价政策实施效果的重要因素。在实际调查中发现，农地确权政策宣传力度不够，很多基层的农民群众并不明白为什么要进行农地确权，很大一部分农民认为该政策只是国家为了加强对农村土地的控制和管理，这也导致农民对政策实施效果评价较低。因此，应全面组织和开展对农地确权政策的宣传和发动工作，让广大群众全面认识到对农地确权的重要性及必要性，确保做到使农地确权政策的宣传家喻户晓，宣传到每个村组以及农户，帮助他们了解农地确权的主要目的、内容以及相应的配套政策，要积极争取广大群众对农地确权的理解、支持和真心拥护，使农民认识到农地确权的核心是还权赋能，有利于明晰农村土地的产权归属，保护农民的土地财产权和减少土地纠纷，这将直接关系到他们未来的生计和生活质量。

第8章 农地确权对新型农业经营主体农地流转的影响分析

从理论上来讲，产权的界定将有利于资源配置效率的提高。农地确权可以通过一定的机制影响农地流转，进而实现土地适度规模经营。从目前来看，尽管已有学者进行了农地确权对农户农地流转的影响研究，但对于新型农业经营主体这一特殊的群体，并没有相关文献对其受到农地确权的影响研究。基于此，本章在对既有研究进行归纳评述的基础上，确定"确权与新型农业经营主体农地流转"问题分析的理论视角和框架，进而采用有针对性的调查数据和恰当的计量经济学模型进行实证研究，由此评估新一轮确权政策对新型农业经营主体农地流转的影响，进而为农地流转及农业规模经营提供科学的指导依据。

8.1 引　言

近年来，随着城镇化、工业化的快速发展，农村劳动力向城市大规模流动，客观上要求农村土地资源的重新配置，使其从农业生产率相对较低的农户转移到生产率相对较高的农户，以提高农地资源的利用效率（Jin and Deininger，2009；黄枫、孙世龙，2015）。同时，我国长期实行以家庭为生产单位的家庭联产承包责任制，也造成农村土地的分割零碎，亟须通过土地流转和集中，来缓解目前土地经营规模相对狭小的困境，实现农业专业化和适度规模经营。

2013 年中央一号文件明确指出，鼓励和支持承包土地向专业大户、家庭农场、农民合作社流转，发展多种形式的适度规模经营；2014 年，中共中央办公厅、国务院办公厅印发《关于引导农村土地经营权有序流转发展农业适度规模经营的意见》，也强调鼓励各地整合涉农资金建设连片高标准农田，并优先流向家庭农场、专业大户等规模经营农户。截至 2016 年底，全国家庭承包耕地流转面积达到 4.7×108 亩，占家庭承包经营耕地面积的 35.1% （张恒，2017），但是，总体来看，小规模分散经营仍是中国农业经营方式的主体。与世界上一些工业化国家，甚至与非洲的一些国家相比，中国的耕地流转仍处于相对较低的水平。美国 1992 年的农地流转率为 43%，乌干达 1999 年的农地流转率为 36% （Deininger et al.，2003）。为此，要推进中国农业向更高水平发展，进一步培育新型农业经营主体，必须正视土地流转及合理配置问题，特别是影响土地流转的因素问题。

产权理论认为，集体农地产权界定模糊及其引发的交易费用是导致农地流转不畅的主要成因，而地权边界明晰则可以降低交易费用并促进农地交易。因此，2013 年中央一号文件明确提出，用 5 年时间基本完成农村土地承包经营权登记颁证工作。那么，新一轮承包地确权登记颁证作为一项在全国范围内推进且成本耗费较大的改革政策（张晓山，2015），究竟会对我国新型农业经营主体的农地流转行为产生怎样的实际效果？

8.2 文献回顾与梳理

目前已有的研究大多集中在农地确权对农地流转的具体影响方面。那么，农地确权何以影响农地流转呢？已有研究结论不一。

多数学者认为确权能促进农地流转。基于产权理论，确权明晰产权有利于降低交易费用、增加权利价值（周其仁，2014），促使农民对农地承包经营权产生长期稳定预期（黄季焜等，2012），提高地权稳定性（Deininger et al. , 2011；Holden et al. , 2011），明晰地权边界从而减少纠纷（Yami and Snyder，2016）以及降低交易成本及双方信息不对称性（付江涛等，2016；程令国等，2016）。黄佩红等（2018）通过研究发现，确权使农户农地转出的可能性在1%显著水平上降低7.3%；确权使农户农地转入的可能性在1%显著水平上提高1%，但对农户转入耕地面积、转入耕地租金率没有显著影响。丁玲、钟涨宝（2017）基于湖北省6个地区土地确权和土地流转情况的实地调查，运用Probit模型和Logistic模型，分析是否确权和确权满意度对农户转入和转出的影响，探讨农村土地承包经营权确权对土地流转的影响。结果表明，在确权比例为75.56%的样本数据中，农户土地确权使农户参与土地流转的边际效应提高14.0%，农村承包土地确权登记颁证能够显著促进农地转出，而对农地转入影响不显著。而胡新艳、罗必良（2016）研究发现，新一轮农地确权对目前农户的农地流转行为并没有显著影响，但会显著强化其流转意愿；确权对流转合约选择意愿的影响，表现出"提高流转租金、促进正式合约采用"的显著影响。

也有学者认为确权抑制农地流转，认为稳定农地承包关系在一定程度上抑制农地经营权流转。安全的农地产权最终的效果是使得农户农地投资的积极性和农地价值提高，因为它强化了农地的"财产禀赋效应"（Thaler，1980），进一步使得农地流转降低（Chernina et al. , 2014）。罗必良和胡新艳（2015）对东莞和佛山638家农户的调查中，发现其中60%的农户认为转入土地的难度随着确权颁证的进行而增大。通过禀赋效应的分析，不难得出农地确权对农地经营权流转有着抑制作用，并发现农地对农民来说是一种人格化财产。杨晗、赵平飞（2015）对成都市的研究结果表明，土地承包经营权证书上没有载明具体期限，使得农户出现长期拥有使用权、使用期限不确定等不同解读方式，因而无法为农地流转双方提供明确而稳定的时间预期，并降低了确权颁证后的农地流转效率。林文声等（2017）研究也发现，农地确权在整体上并不影响农户农地转出，但会抑制农地转入。

此外，也有学者认为农地确权对于农地流转没有影响。如张兰等（2014）通过对江苏省的实证研究发现，土地承包经营权证书颁发不再是影响江苏省各市农地流转发展的重要因素。换句话说，就现阶段江苏省促进农地流转而言，农地产权制度安排的重点可能不再是土地承包经营权的明晰问题，而是土地承包经营权各项权能的完善问题，即要保障农民对承包地占有、使用、收益、流转及抵押、担保等权能的实现。

从既有研究可以看出，对于农地确权与农地流转的关系，上述研究结论不一，有必要作进一步探讨；再者，现有研究基本都是把农民作为一个整体来看待，没有深入分析农地确权对于新型农业经营主体的农地流转行为的影响。基于此，拟通过农户问卷调查数据，实证分析农地确权对于新型农业经营主体的农地流转行为产生的具体影响。

8.3　研究方法与模型构建

根据农户行为理论，新型农业经营主体是否进行转入农地不是"随机"选择的，而是通过"自我选择"的结果。据此，可以构建新型农业经营主体转入农地行为的基本模型如下：

$$Y_i = \alpha X_i + \varepsilon_i \qquad\qquad (8-1)$$

式（8-1）中，Y_i 表示新型农业经营主体进行农地转入的行为意愿，X_i 表示影响新型农业经营主体进行农地转入的一系列因素，α 表示变量系数，ε_i 表示随机误差项。

　　由于农地流转是两阶段决策过程的有机结合。在第一阶段，新型农业经营主体决定是否转入土地；在第二阶段，新型农业经营主体对流转农地的面积大小做出决策。由于新型农业经营主体的土地流转决策具有较强的自选择性，一些影响他们是否流转土地的不可观测因素（如性格、能力等），也会对他们流转土地面积大小的决策产生影响（王雨濛等，2018）。因此，仅基于已经流转了土地的新型农业经营主体的样本，研究农地确权及其他控制变量对新型农业经营主体土地流转决策的影响，将会造成估计结果有偏。对此，Heckman（1979）提出的两阶段模型能对样本可能存在的选择性偏差问题进行验证并予以纠正。其模型一般形式为：

$$Y_{1i} = \begin{cases} 1 & Y_{1i}^* > 0 \\ 0 & Y_{1i}^* \leqslant 0 \end{cases} \qquad (8-2)$$

　　新型农业经营主体进行农地转入决策行为分析可以分为如下两个阶段：

　　第一阶段，用 Probit 模型估计新型农业经营主体进行农地转入的意愿。当 $Y_{1i}^* > 0$ 时，表示新型农业经营主体具有转入农地的意愿；当 $Y_{1i}^* \leqslant 0$ 表示新型农业经营主体没有转入农地的意愿。X_i 是影响新型农业经营主体进行农地转入的解释变量，包括户主个人特征、家庭特征、产权及组织状况等变量。

　　根据式（8-1），对样本中所有观测值计算得出逆米尔斯比率（inverse mills Ratio）λ_i，$\lambda_i = \dfrac{\varnothing\ (\alpha X_i)}{\delta\ (\alpha X_i)}$，其中，$\varnothing$ 和 δ 分别为正态分布的概率密度函数和累积分布函数。

　　第二阶段，引入逆米尔斯比率 λ_i，克服样本的选择性偏差，建立新的方程，考察新型农业经营主体进行农地转入的行为意愿。新的方程表达式为：

$$Y_{2i} = \beta Z_i + \omega \lambda_i + \mu_i \qquad (8-3)$$

式（8-3）中，Y_{2i}表示新型农业经营主体转入的农地面积；Z_i表示影响新型农业经营主体进行农地转入的解释变量，包括户主个人特征、家庭特征、产权及组织状况等变量；μ_i表示随机误差项。

8.4 数据来源与变量描述

8.4.1 数据来源

本章所使用的数据来自课题组于 2014 年 7 ~ 8 月和 12 月在天津市宝坻区、武清区所进行的实地问卷调查，调查问卷主要包含农户的基本信息、家庭特征、农地确权及产权认知等内容。在本书中，新型农业经营主体主要包括家庭农场、专业大户、农民合作社和农业企业四大类。课题组在设计问卷时将新型经营主体作为专门的统计类型，由被调查人员填写。为保证问卷数据质量和样本的代表性，在每一个调查地区首先从乡镇（街道）政府部门了解农地确权政策实施的总体情况，每个样本乡镇（街道）中随机选择 7 ~ 10 个新型农业经营主体作为调查样本，以入户访谈形式进行调查。经过筛选分析，剔除不符合要求的样本问卷，共获取天津区域的新型农业经营主体调查问卷共 318 份。

8.4.2 变量选择与统计描述

在已有文献的基础上，结合本书的研究目的和数据的可获得性，分别从新型农业经营主体经营中的农户个人特征、家庭特征及农地流转相关情况来确定自变量进行定量分析。各变量的定义、赋值及描述性统计如表 8 - 1 所示。

表 8 − 1 变量定义及统计描述

变量类型	变量名称	变量定义	均值	标准差
被解释变量	是否转入土地	否 = 0；是 = 1	0.84	0.37
	共计转入土地	转入土地面积（亩）	126.53	80.26
核心解释变量	确权颁证情况	未确权颁证 = 0；确权颁证 = 1	0.51	0.54
控制变量	年龄	实际年龄（岁）	51.28	10.75
	受教育年限	从小学起受教育年数（年）	8.16	3.43
	非农从业或培训经历	无 = 0；有 = 1	0.47	0.58
	农地经营面积	实际经营的农地面积（亩）	298.85	226.39
	农业生产经营人数	家庭成员参与农业生产经营的数量（人）	2.66	1.37
	农地流转的合约形式	无合约 = 1；口头合约 = 2；书面合约 = 3	2.44	2.15
	农地流转租金	实际流转租金（元/亩）	837.52	753.61
	流转是否受村级管制	无 = 0；有 = 1	0.36	0.28
	村庄距县城距离	村庄距离县城的实际距离（km）	12.83	10.64

8.5 结果与分析

Heckman 模型回归估计结果如表 8 − 2 所示。

表 8 − 2 Heckman 模型回归结果

解释变量	是否参与农地转入		转入农地面积	
	系数	标准误差	系数	标准误差
确权颁证情况	0.315**	0.427	0.126	0.134
年龄	− 0.076*	0.218	− 0.043	0.288
受教育年限	0.209**	0.372	0.185***	0.317
非农从业或培训经历	0.090	0.018	0.064	0.045

解释变量	是否参与农地转入		转入农地面积	
	系数	标准误差	系数	标准误差
农地经营面积	0.176	0.194	0.228	0.572
农业生产经营人数	0.081 **	0.452	0.069	0.318
农地流转的合约形式	0.153	0.362	0.265 ***	0.089
农地流转租金	−0.026 *	0.672	−0.073	0.284
流转是否受村级管制	0.417 **	0.094	0.295 **	0.157
村庄距县城距离	−0.084 ***	0.423	−0.106 **	0.096
常数项	1.942	2.155	0.849	1.733

注：*、**、***分别表示在10%、5%与1%水平上显著。

从表8-2的回归结果来看，农地确权对于新型农业经营主体是否转入农地的决策意愿具有显著正向影响，且通过5%的显著性检验。这在一定程度上说明通过登记颁证确权，可以使交易双方都有相对稳定的产权预期，由于是对于新型农业经营主体来讲，如果要转入农地进行规模经营，其转入的面积都是相对较大的，所以他们更看重产权的稳定，这直接影响到他们对农地的后续投资等行为，通过颁证确权，可以降低交易成本，减少未来产权的不稳定性。而该核心解释变量对于新型农业经营主体在决定转入农地后的转入面积的影响并不显著，这在一定程度上说明，至少在现阶段，新一轮土地确权登记颁证工作的推进，并未有效提升"新型农业经营主体"的转入规模。可能的原因是，尽管确权使新型农业经营愿意转入更多土地，但由于确权颁证增强了普通农户的土地财产权，进而会提高土地流转租金，在当前农业现代化发展水平低下、没有提高农业生产效益的情况下，新型农业经营主体难以支付更高租赁成本，所以对转入农地面积无显著影响。这与胡新艳等的研究结论一致。

除此之外，其他控制变量也对新型农业经营主体是否流转农地及流转面积产生了影响。回归结果显示，在保持其他条件不变的情况下，年龄的回归系数都为负,并且只有对于是否转入农地具有显著性影响,通过 10% 的显著性检验。这说明随着年龄的增加,新型农业经营主体越来越不愿意转入农地,可能的解释是,进行农业规模经营不同于之前的小农经济,需要较强的精力和开拓精神,年龄越大,在精力和体力方面就越差,从而会不倾向于转入农地。从对受教育年限的估计结果来看,该变量对于新型农业经营主体是否转入农地和转入农地面积都具有显著正向影响,并且分别通过了 5% 和 10% 的显著性检验。这说明新型农业经营主体个体的受教育程度越高,其对于农地确权政策、农业发展方向以及农业发展中新技术的利用等都具有更好的接受和把控能力,从而更愿意转入农地,进行大规模农业耕作。从农业生产经营人数的估计结果来看,该变量对于新型农业经营主体是否转入农地具有显著正向影响,且通过了 10% 的显著性检验,说明家庭从事农业生产的人数越多,其更倾向于转入土地。关于农地流转的合约形式,该变量对于是否转入农地不具有显著性影响,但对于转入农地面积在 10% 的水平上显著,且具有正向相关关系,这说明在进行是否转入农地的决策时,新型农业经营主体对于具体的合约形式并不太关注,在具体确定转入农地的面积时,农地流转合约形式的选择对其具有显著影响,主要随着土地交易半径与市场规模的扩大,农户将会更倾向于选择相比口头合约更具正规化、可视化、保障性等优点的正式合约,以此约束交易主体的机会主义违约行为,降低可能面临的侵权或违约风险(胡新艳、罗必良,2016)。农地流转租金对于是否转入农地在 10% 的水平上显著,但对于转入面积的影响不显著。流转受村级管制与转入农地的决策及行为均呈显著正相关关系。原因可能是村级管制减少了不规范或不正当农地流转行为的发生,一定程度上保障了农地转入方的权益,从而刺激了转入方的农地需求。村庄到县城的距离对农地转入决策及行为的影响都显著为负。一般而言,离县城越近的村庄,农地流转市场越活跃,反之距离越远,流转市场越低迷,同时,距离县城越近,也表明交通便利,交通条件便利强化了农地的地理位置专用性，进而更有利于农业规模化经营。

8.6　研究结论与政策启示

8.6.1　研究结论

基于实地调研数据，利用 Heckman 两阶段模型实证分析了农地确权对新型农业经营主体农地流转行为的具体影响。研究结果表明，农地确权对于新型农业经营主体是否转入农地的决策意愿具有显著正向影响，但对于新型农业经营主体转入面积的影响并不显著；此外，年龄、受教育年限、农业生产经营人数、农地流转租金、村级流转管制及村庄距离县城距离等是影响新型农业经营主体是否转入农地的重要因素，而受教育年限、农地流转的合约形式、村级流转管制及村庄距离县城距离则是影响新型农业经营主体转入农地面积的重要影响因素。

8.6.2　政策启示

基于以上研究结论提出如下政策建议：

第一，加强新型农民技能培训，加大新型农业经营主体培育力度。通过引入有经验有技术的种田能手或种植专业大户来加强农民技能培训，以带动地方经济的发展，使从事种植业的农民老龄化、低水平的状态得以转变。政府应给予资金和技术方面的支持、提供优惠政策、建立新型的农业经营体系培养专业的农机服务机构，吸引优秀的职业农民通过流转扩大经营规模，实现农地资源流动与优化配置。

第二，规范土地流转，强化流转农地地经营权法律产权稳定性，加强农地经营权流转合同的规范化与流程化管理。一方面，要完善农地流转管理规范，推进农地依法依规流转。完善农地承包权流转交易流程，规范农地流转手续，引导农地流转双方签订书面合同；另一方面，要加大农村土地产权交易市场建设，推行电子化交易，以交易有记录、可查询、能追溯为目标，提升交易规范水平，提高土地流转合同鉴证备案率，加强土地流转合同的监管审查，更好保护土地流转双方权利。

第三，推进农地市场化流转机制与平台建设，减少新型农业经营主体农地交易成本。一方面，建立农地流转网络化的信息平台，及时的把握好流转双方的信息和动态，提升农地流转的效率。另一方面，完善流转中介服务组织，建立合同签订与鉴证、政策咨询、纠纷调解的机构，并发挥农地流转中政府的服务和引导作用。

第9章 研究结论与政策建议

9.1 研究的主要结论

本书在对地租理论、土地产权理论、制度变迁、交易成本、经济行为、理性选择等相关理论分析基础上，构建农地确权、农地流转与新型农业经营主体发展的内在机理分析框架，并以实地问卷调查数据为基础，通过构建相关计量模型来实证分析农地确权、农地流转以及新型农业经营主体培育的内在关系，由此评估新一轮农地确权对土地流转及新型经营主体培育的实际影响。研究的主要结论包括以下几点：

1. 目前农村的矛盾较为突出，绝大多数被调查者对现行土地流转制度不太满意，主要表现为：第一，大部分农民认为土地流转价格不尽如人意，征地补偿费到位不及时，且难以维持长久的生活需要。目前我国绝大部分地区执行的是农村土地按照农业用途的平均产值进行补偿，农民获得的补偿也就是一亩地 2 万 ~3 万元，仅与全国农户六七年的人均纯收入水平相当。而农村土地一旦流转改变用途成为建设用地以后，其转让价格就会飞涨。农村土地流转时按照年平均产值确定补偿价格，而到二级市场出让时却按照市场价格、土地用途确定，这种价格体系显失公平，严重侵害了农民的权益。第二，农民缺乏参与权与知情权。受限于文化程度，大多数农民对关于土地的法律法规缺乏了解，在正当权益受到侵害时寄希望于上级部门的协调，而且目前农村中的土地流转方式多为农户间自发流转，他们对政策不够了解，对市场行情不能充分把握，很多流转都未签订流转合同只是口头协议，这些都为土地承包纠纷埋下了隐患。第三，产权不稳定，农户产权主体缺位。不管是我国目前实行的宪法，还是根据宪法原则精神颁布的土地管理法，都缺乏对公共利益的明确界定，表述过于笼统，对其内涵和外延都缺乏阐释，导致土地流转中政府行政行为缺乏约束，寻租导致的腐败现象严重，政府公信力大大降低。

2. 土地确权对农地流转的正向促进作用主要表现土地承包权和经营权的明晰。具体来看，农户土地承包合同或证书的拥有程度，农地经营权抵押转让权利的偏好情况都对农地流转呈正向显著作用。拥有土地使用证书，对土地抵押转让权利更加偏好的农户往往土地流转的意愿更强，完善的产权保护机制对农地流转起到正向推动作用。即以完善土地承包经营权为主导的土地确权政策确实对农地流转起到了积极的促进作用。同时，通过多元线性回归分析，着重研究农地确权、产权认知等变量对土地流转率的具体影响程度。研究结果显示，在农地确权及产权认知方面，土地流转形式、农户拥有土地承包合同情况均对土地流转率显著相关，土地流转形式更为合法规范、拥有正规土地承包合同的农户往往其土地流转率显著升高；在农户个人特征变量方面，农户兼业程度、户主年龄对土地流转率呈显著正相关，越偏向于非农就业方向、年龄稍大的农户往往由于个人就业、身体状况、家庭等原因，其土地流转率偏高。

3. 农地确权政策确实对农户农地流转决策行为的发生起到了积极的促进作用，而且农民对于细化的土地产权结构还有更深层次的需求。首先，农地确权政策了解程度与农户农地流转概率呈正相关。其次，从不同类型农户来看，较强的土地产权交易能力认知对于以农业为主的农户而言，可以在当前提倡农业适度规模、培育新型农业经营主体的背景下，具有较强的转入农地的内在激励，农地流转的概率较高，对于以非农为主的农户而言，如果在产权交易安全的情况下，他们会通过转出土地，获取租金，使土地的资产价值显现，农地流转概率也较高。此外，是否拥有土地承包经营权证和合同对农户的农地流转意愿具有显著的正向作用。这说明农户还是比较认可有法律保障的农地产权安全性，而不是单单靠传统的非正式制度来约束。其他控制变量中，年龄、文化程度、外出务工经历、非农收入比重、是否购买社会保险、所在村庄距离县城距离都对农户农地流转行为决策起到了正向显著影响。

4. 从整体情况看，农户对农地确权政策实施效果的总体评价并不理想，农户评价农地确权政策实施效果的影响主要来自年龄、文化程度、外出务工经历、农业收入所占比重、土地经营规模、村庄类型、农地确权政策了解程度、土地产权处置能力认知、土地产权交易能力认知及解决实际困难的作用。第二，不同生计类型农户对农地确权政策实施效果评价的影响因素存在差异：对于纯农户而言，其显著的影响因素包括年龄、文化程度、是否村干部、外出务工经历、农业收入所占比重、土地经营规模、村庄类型、土地产权排他能力认知、土地产权交易能力认知及解决实际困难的作用；影响一兼型农户评价的主要因素来自年龄、文化程度、是否村干部、外出务工经历、农业收入所占比重、土地经营规模、土地产权排他能力认知、土地产权交易能力认知；对于二兼型农户而言，其显著的影响因素包括文化程度、外出务工经历、农地确权政策了解程度、土地产权处置能力认知、土地产权交易能力认知；对于非农型农户而言，其显著的影响因素包括文化程度、外出务工经历、家庭年均收入、农地确权政策了解程度、土地产权处置能力认知、土地产权交易能力认知及解决实际困难的作用。总体来看，影响纯农户与一兼型兼农户的因素具有较大相似性，而影响二兼型农户与非农型农户的因素也具有较大相似性，这可能与农户的生计类型有关。

5. 农地确权对于新型农业经营主体是否转入农地的决策意愿具有显

著正向影响，但对于新型农业经营主体转入面积的影响并不显著；此外，年龄、受教育年限、农业生产经营人数、农地流转租金、村级流转管制及村庄距离县城距离等是影响新型农业经营主体是否转入农地的重要因素，而受教育年限、农地流转的合约形式、村级流转管制及村庄距离县城距离则是影响新型农业经营主体转入农地面积的重要影响因素。

9.2　政策建议

基于实证研究结论，为推进农地流转、完善农地确权政策、促进新型农业经营主体发展，进一步推动农村土地制度改革，特提出以下政策建议：

1. 进一步明确和界定土地产权结构，提高土地承包经营权的灵活性，满足农民多样化的产权需求。

根据实证分析结果可以发现，对产权交易能力认知对农户农地流转决策的影响显著。所以，一方面，农地产权要实现"三权分离"，关键是分离的产权能否交易。如果不能交易，再明确的产权也没有价值。从现实实践来看，农民进行流转和抵押的基本是土地经营权或使用权。也就是说，在农村土地三权分离后，能够进行市场交易的，只有土地经营权，不包括土地承包权。对于想转出土地进城务工或定居的农户来讲，如果其土地承包权不能得到很好的处理，就很难轻易放弃这种权利，进而就会始终游离于城市和农村之间。所以，应逐步解除土地使用权、收益权的"非转移性"及封闭性，鼓励有条件和能力的农民"市民化"。另一方面，党的十八届三中全会和2014年中央一号文件明确提出，赋予农村土地承包经营权抵押、担保权能，允许土地承包经营权向金融机构抵押融资，这就赋予了承包地新的权能。但从实际调研来看，由于存在产权抵押缺乏制度设计、产权价值难以评估、缺乏可操作的产权交易平台及产权担保缺乏有效监督机制等问题。因此，应该进一步细化和明确"三权分离"，充实和完善每一种权能的内涵和权益实现机制，以便和农业经营规模、新型城镇化、农业人口转移同步。

2. 进一步培育和增强不同生计类型农户的资源禀赋优势，为农民类型分化提供良好的政策环境。

根据实证分析结果发现，文化教育程度对确权政策实施效果具有正向影响，所以应加大对不同生计类型农民的教育和培训，让更多的职业培训普及到农村各职业阶层，促进农村人力资本积累，如加大对纯农户向职业农民转变的培训力度，增强非农型农户的非农就业能力等；要建立职业培训教育制度，建立合作社带头人人才库，建立人才培养实训基地，加强对龙头企业负责人培训，鼓励各类人才领办和参与新型农业经营主体，吸引优秀大学毕业生返乡兴办家庭农场等。还应进一步完善产业政策、就业政策和社保制度，使不同生计类型农民能充分享受到各种土地财产权益，为农民生计类型彻底分化和显化农村土地资产价值提供良好的政策环境。同时，应破除社保制度、户籍制度对农地流转的束缚作用，通过有效政策组合来降低农村人口向城市完全迁移的障碍，并创造条件保证农地产权稳定和农民的土地权益。健全农村养老保险和失业保险等社会保险体系，形成对家庭收入风险的有力规避，减轻农户因农地流转带来的不利影响，从而提高其效用和福利水平。总之，不同生计类型农户对确权政策实施效果评价受到多种因素影响。但推进农地确权的关键在于提高农户对确权政策认知与积极性的同时，除了前面提到的完善权能和结构，还应积极出台相应配套措施，为不同类型农户营造良好的制度环境。

3. 加大对农地确权政策的宣传力度，让农户对农地确权的内涵及目的有完整和正确的认识。

根据实证分析结果发现，对农地确权政策的了解程度也是影响农户农地流转决策的重要因素。在实际调查中发现，农地确权政策宣传力度不够，很多基层的农民群众并不明白为什么要进行农地确权，很大一部分农民认为该政策只是国家为了加强对农村土地的控制和管理。因此，应全面组织和开展对农地确权政策的宣传和发动工作，让广大群众全面认识到对农地确权的重要性及必要性，确保做到使农地确权政策的宣传家喻户晓，宣传到每个村组以及农户，帮助他们了解农地确权的主要目的、内容以及相应的配套政策，要积极争取广大群众对农地确权的理解、支持和真心拥护，使农民认识到农地确权的核心是还权赋能，有利于明晰农村土地的产权归属，保护农民的土地财产权和减少土地纠纷，这将直接关系到他们未来的生计和生活质量。

4. 规范和完善土地流转服务体系，强化流转农地地经营权法律产权稳定性，加强农地经营权流转合同的规范化与流程化管理。

一方面，要完善农地流转管理规范，推进农地依法依规流转。完善农地承包权流转交易流程，规范农地流转手续，引导农地流转双方签订书面合同；另一方面，要加大农村土地产权交易市场建设，推行电子化交易，以交易有记录、可查询、能追溯为目标，提升交易规范水平，提高土地流转合同鉴证备案率，加强土地流转合同的监管审查，更好保护土地流转双方权利。推进农地市场化流转机制与平台建设，减少新型农业经营主体农地交易成本。一方面，建立农地流转网络化的信息平台，及时的把握好流转双方的信息和动态，提升农地流转的效率。另一方面，完善流转中介服务组织，建立合同签订与鉴证、政策咨询、纠纷调解的机构，并发挥农地流转中政府的服务和引导作用。

5. 健全新型农业经营主体发展的相应政策。

政府在对进行农业政策设计时，逐步改变过去的普惠制的扶持政策，要把更多的目光投向新型农业经营主体，不断加大培育支持力度。根据各类新型农业经营主体不同的特点，为家庭农场、种养大户等"量身定做"针对性的扶持政策。重点帮助家庭农场完善生产和办公条件，提升发展规模和水平；支持龙头企业做大做强，加快转型升级，提升加工流通水平；推动农民专业合作社规范化运行，拓宽服务领域，积极创建示范社。积极探索适合新型农业经营主体贷款的担保、抵押方式，降低担保标准，扩大抵押物范围，针对新型农业经营主体的财产特点开展以"两权"抵押。完善农业政策性保险，提高各类经营主体在购买农业保险的财政补贴比例，逐步增加政策性保险的种类，扩大政策性保险的覆盖面，进一步增强新型农业经营主体抵御风险的能力。此外，还要重视对农业政策绩效考核，确保每一项惠农政策落到实处，一些与农业经营主体息息相关的重要政策尽量直接下达，少走弯路，提高政策落实效率。

参 考 文 献

[1] 陈美球，邓爱珍，周丙娟，等. 耕地流转中农户行为的影响因素实证研究——基于江西省42个县市64个乡镇74个行政村的抽样调查 [J]. 中国软科学，2008（07）：6-13.

[2] 陈美球，钟太洋，吴月红. 农业补贴政策对农户耕地保护行为的影响研究 [J]. 农林经济管理学报，2014，13（01）：14-23.

[3] 陈胜祥. 农民土地所有权认知与农地制度创新：基于1995~2008年实证研究文献的统计分析 [J]. 中国土地科学，2009（11）：21-26.

[4] 陈铁，孟令杰. 土地调整、地权稳定性与农户长期投资——基于江苏省调查数据的实证分析 [J]. 农业经济问题，2007（10）：4-12.

[5] 程令国，张晔，刘志彪. 农地确权促进了中国农村土地的流转吗？[J]. 管理世界，2016（1）：88-98.

[6] 崔光胜、屈炳祥. 马克思的土地所有权理论和我国的土地管理体制改革 [J]. 理论与改革，1997（06）：12-13.

[7] 丁琳琳，孟庆国. 农村土地确权羁绊及对策：赣省调查 [J]. 改革，2015（03）：56-64.

[8] 丁玲，钟涨宝. 农村土地承包经营权确权对土地流转的影响研究——来自湖北省土地确权的实证 [J]. 农业现代化研究，2017，38（03）：452-459.

[9] 丁玲. 农地确权对农户土地流转的影响研究 [D]. 华中农业大学，2016.

[10] 杜志雄. 家庭农场：乡村振兴战略中的重要生产经营主体 [J]. 农村经营管理，2018 (02)：32.

[11] 费佐兰，郭翔宇. 新型农业经营主体面临的特殊困难与政策建议——基于黑龙江省绥化市的实地调查 [J]. 中国农业资源与区划，2016，37 (11)：126-130.

[12] 冯晓晓，刘增金，高小玲，马佳，俞美莲. 农户对土地确权的满意度及其影响因素研究——基于上海市绿华镇 6 个村的实地调查 [J]. 上海农业学报，2018 (01)：118-126.

[13] 付江涛，纪月清，胡浩. 新一轮承包地确权登记颁证是否促了农户的土地流转——来自江苏省 3 县（市、区）的经验证据 [J]. 南京农业大学学报（社会科学版），2016 (01)：105-113.

[14] 高欣，张安录. 农地流转、农户兼业程度与生产效率的关系 [J]. 中国人口·资源与环境，2017，27 (5)：121-128.

[15] 邬亮亮，黄季焜. 不同类型流转农地与农户投资的关系分析 [J]. 中国农村经济，2011 (04)：9-17.

[16] 邬亮亮，冀县卿，黄季焜. 中国农户农地使用权预期对农地长期投资的影响分析 [J]. 中国农村经济，2013 (11)：24-33.

[17] 邬亮亮，黄季焜，冀县卿. 村级流转管制对农地流转的影响及其变迁 [J]. 中国农村经济，2014 (12)：18-29.

[18] 郭忠兴，罗志文. 农地产权演进：完整化、完全化与个人化 [J]. 中国人口资源与环境，2012，22 (10)：123-130.

[19] 韩俊，张云华. 破解三农难题：30 年农村改革与发展 [M]. 中国发展出版社，2008.

[20] 何虹，许玲. 农村土地承包经营权确权登记制度的法律完善——基于苏南农村视角 [J]. 农村经济，2013 (06)：44-49.

[21] 贺宏善. 浅议我国农业经营主体及其培育 [J]. 新疆农垦经济，1998 (06)：5-6.

[22] 何劲, 祁春节. 家庭农场产业链: 延伸模式、形成机理及制度效率 [J]. 经济体制改革, 2018 (02): 78 - 84.

[23] 何一鸣, 罗必良. 赋权清晰、执法博弈与农地流转——基于法律经济学的分析范式 [J]. 贵州社会科学, 2013 (01): 90 - 94.

[24] 贺振华. 农户外出、土地流转与土地配置效率 [J]. 复旦学报 (社会科学版), 2006 (04): 95 - 102.

[25] 胡新艳, 罗必良. 新一轮农地确权与促进流转: 粤赣证据 [J]. 改革, 2016 (04): 85 - 94.

[26] 黄枫, 孙世龙. 让市场配置农地资源: 劳动力转移与农地使用权市场发育 [J]. 管理世界, 2015 (07): 71 - 81.

[27] 黄季焜, 冀县卿. 农地使用权确权与农户对农地的长期投资 [J]. 管理世界, 2012 (9): 76 - 81, 99, 187 - 188.

[28] 黄佩红, 李琴, 李大胜. 新一轮确权能促进农地流转吗? [J]. 经济经纬, 2018 (04): 44 - 49.

[29] 黄祖辉, 王朋. 农村土地流转: 现状、问题及对策——兼论土地流转对现代农业发展的影响 [J]. 浙江大学学报 (人文社科版), 2008 (03): 38 - 46.

[30] 黄祖辉, 俞宁. 新型农业经营主体: 现状、约束与发展思路——以浙江省为例的分析 [J]. 中国农村经济, 2010 (10): 16 - 26.

[31] 纪红蕾, 蔡银莺. 生计资本异质对农户农地流转行为的影响——以武汉城市郊区的 516 户农民为例 [J]. 长江流域资源与环境, 2017, 26 (02): 220 - 226.

[32] 冀县卿, 钱忠好, 葛轶凡. 交易费用、农地流转与新一轮农地制度改革——基于苏、桂、鄂、黑四省区农户调查数据的分析 [J]. 江海学刊, 2015 (02): 83 - 90.

[33] 姜长云. 农业产业化龙头企业在促进农村产业融合中的作用 [J]. 农业经济与管理, 2017 (02): 5 - 10.

[34] 江维国. 我国新型农业经营主体管理创新的战略构想 [J]. 农业经济, 2014 (03): 62 - 64.

[35] 孔祥智, 徐珍源. 转出土地农户选择流转对象的影响因素分析——基于综合视角的实证分析 [J]. 中国农村经济, 2010 (12): 17 - 26.

[36] 匡远配, 曾福生, 刘战军. 经营主体创新提高农业国际竞争力的机理研究 [J]. 科技和产业, 2005 (06): 1 - 4.

[37] 赖迪辉, 李娜. 土地确权政策是否影响经济增长质量——基于2001—2015 年山东省数据分析 [J]. 天津城建大学学报, 2018 (03): 232 - 237.

[38] 乐章. 农民土地流转意愿及解释——基于农民调查的实证分析 [J]. 农业经济问题, 2010 (02): 64 - 71.

[39] 李树苗, 梁义成, MARCUS W. FELDMAN, GRETCHEN C. DAILY. 退耕还林政策对农户生计的影响研究——基于家庭结构视角的可持续生计分析 [J]. 公共管理学报, 2010, 7 (02): 1 - 10.

[40] 李松龄. 制度变迁理论与我国的制度变革 [J]. 湖湘论坛. 1999 (04): 24 - 26.

[41] 黎霆, 赵阳, 辛贤. 当前农地流转的基本特征及影响因素分析 [J]. 中国农村经济, 2009 (10): 4 - 11.

[42] 李静. 农地确权、资源禀赋约束与农地流转 [J]. 中国地质大学学报 (社会科学版), 2018, 18 (03): 158 - 167.

[43] 李鑫. 农村土地确权的法律问题及制度构建 [J]. 西南民族大学学报 (人文社科版), 2018 (06): 109 - 114.

[44] 李哲, 李梦娜. 新一轮农地确权影响农户收入吗?——基于CHARLS 的实证分析 [J]. 经济问题探索, 2018 (08): 182 - 190.

[45] 廖洪乐. 农户兼业及其对农地承包经营权流转的影响 [J]. 管理世界, 2012 (5): 62 - 73.

［46］林文声，秦明，苏毅清，王志刚. 新一轮农地确权何以影响农地流转？——来自中国健康与养老追踪调查的证据［J］. 中国农村经济，2017（07）：29 - 43.

［47］林文声，王志刚，王美阳. 农地确权、要素配置与农业生产效率——基于中国劳动力动态调查的实证分析［J］. 中国农村经济，2018（08）：64 - 82.

［48］刘冬. "农地确权"中的利益冲突与秩序维系［D］. 华中师范大学，2017.

［49］刘海藩，白占群. 历史的丰碑：中华人民共和国国史全鉴——四经济卷［M］. 中共中央文献出版社，2004.

［50］刘克春. 农户资源禀赋、交易费用与农户农地使用权流转行为［J］. 统计研究，2006（05）：73 - 77.

［51］刘绍吉. 云南省家庭农场与农民合作社互补关系研究［J］. 中国农业资源与区划，2018，39（06）：178 - 183.

［52］刘同山，牛立腾. 农户分化、土地退出意愿与农民的选择偏好［J］. 中国人口资源与环境，2014，24（06）：114 - 120.

［53］刘雪梅. 农业经营主体论——基于民法的视角［M］. 北京：法律出版社，2014：4 - 5.

［54］刘志成. 湖南新型农业经营主体培育的现状、问题与对策［J］. 湖南社会科学，2013（06）：128 - 131.

［55］卢现祥. 西方新制度经济学的流派渊源关系及其发展趋势［J］. 经济评论，2004（05）：50 - 53.

［56］罗必良，郑燕丽. 农户的行为能力与农地流转［J］. 学术研究，2012（07）：64 - 70.

［57］罗必良，胡新艳. 中国农业经营制度：挑战、转型与创新——长江学者、华南农业大学博士生导师罗必良教授访谈［J］. 社会科学家，2015（05）：3 - 6.

[58] 罗鹏，王佳星．农地确权对农户流转行为的影响与路径 [J]．农村经营管理，2017 (08)：32 –34.

[59] 吕保军．行为经济人的三个基本特征 [J]．经济学家，2006 (05)：12 –18.

[60] 马超峰，薛美琴．产权公共领域与农地确权颁证 [J]．中南大学学报（社会科学版），2014 (02)：149 –153.

[61] 马贤磊，仇童伟，钱忠好．农地产权安全性与农地流转市场的农户参与——基于江苏、湖北、广西、黑龙江四省（区）调查的实证分析 [J]．中国农村经济，2015 (02)：22 –37.

[62] 马贤磊，曲福田．新农地制度下的土地产权安全性对土地租赁市场发育的影响 [J]．中国土地科学，2010，24 (09)：4 –10.

[63] 马志雄，丁士军．基于农户理论的农户类型划分方法及其应用 [J]．中国农村经济，2013 (04)：28 –38.

[64] 聂建亮，钟涨宝．农户分化程度对农地流转行为及规模的影响 [J]．资源科学，2014，36 (04)：749 –757.

[65] 潘倩，钟太洋，周寅康．土地产权稳定性对农户土地利用变化的影响——以常熟市、奉贤区、江都区和阜南县为例 [J]．中国农业大学学报，2013，18 (05)：173 –180.

[66] 戚焦耳，郭贯成，陈永生．农地流转对农业生产效率的影响研究——基于 DEA –Tobit 模型的分析 [J]．资源科学，2015，37 (09)：1816 –1824.

[67] 钱龙，洪名勇．农地产权是"有意的制度模糊"吗？[J]．经济学家，2015 (08)：24 –29.

[68] 钱忠好，王兴稳．农地流转何以促进农户收入增加——基于苏、桂、鄂、黑四省（区）农户调查数据的实证分析 [J]．中国农村经济，2016 (10)：39 –50.

[69] 钱忠好．农地承包经营权市场流转：理论与实证分析——基

于农户层面的经济分析 [J]. 经济研究, 2003 (02)：83 – 91.

[70] 仇童伟. 土地确权如何影响农民的产权安全感知？——基于土地产权历史情景的分析 [J]. 南京农业大学学报（社会科学版），2017, 17 (04)：95 – 109.

[71] 阮荣平, 曹冰雪, 周佩, 郑风田. 新型农业经营主体辐射带动能力及影响因素分析——基于全国 2615 家新型农业经营主体的调查数据 [J]. 中国农村经济, 2017 (11)：17 – 32.

[72] 苏振锋. 陕西新型农业经营主体发展存在的问题与对策研究 [J]. 中国农业资源与区划, 2017, 38 (05)：66 – 71.

[73] 谭丹, 黄贤金. 区域农村劳动力市场发育对农地流转的影响——以江苏省宝应县为例 [J]. 中国土地科学, 2007 (06)：64 – 68.

[74] 田传浩, 陈宏辉, 贾生华. 农地市场对耕地零碎化的影响——理论与来自苏浙鲁的经验 [J]. 经济学（季刊），2005 (02)：769 – 784.

[75] 田传浩, 贾生华. 农地制度、地权稳定性与农地使用权市场发育：理论与来自苏浙鲁的经验 [J]. 经济研究, 2004, 39 (01)：112 – 119.

[76] 田秀娟, 侯建林, 董竹敏. 新型农村合作医疗的政策效果评估 [J]. 重庆社会科学, 2010, 18 (02)：20 – 24.

[77] 王国敏, 翟坤周. 确权赋能、结构优化与新型农业经营主体培育 [J]. 改革, 2014 (07)：150 – 159.

[78] 王吉鹏, 肖琴, 李建平. 新型农业经营主体融资：困境、成因及对策——基于 131 个农业综合开发产业化发展贷款贴息项目的调查 [J]. 农业经济问题, 2018 (02)：71 – 77.

[79] 王建华. 新型农业经营主体培育机制：资源错配的经济学分析 [J]. 江苏农业科学, 2017, 45 (07)：303 – 307.

[80] 王蔷, 郭晓鸣. 新型农业经营主体融资需求研究——基于四川省的问卷分析 [J]. 财经科学, 2017 (08)：118 – 132.

[81] 王亚运, 蔡银莺. 空间异质性下农地流转状况及影响因素——以武汉、荆门、黄冈为实证 [J]. 中国土地科学, 2015, 29 (6): 18 – 25.

[82] 王雨濛, 张效榕, 张清勇. 社会关系网络能促进新型农业经营主体流转土地吗?——基于河北、安徽和山东三省的调查 [J]. 中国土地科学, 2018, 32 (01): 51 – 57.

[83] 温锐, 闵桂林. 家庭农场: 中国农业发展史上的内生优选经营模式 [J]. 江西财报, 2018 (04): 84 – 93.

[84] 温铁军. 农民社会保障与土地制度改革 [J]. 学习月刊, 2006 (10): 20 – 22.

[85] 吴次芳, 谭荣, 靳相木. 中国土地产权制度的性质和改革路径分析 [J]. 浙江大学学报 (人文社会科学版), 2010 (06): 25 – 32.

[86] 夏玉莲, 匡远配. 农地流转的多维减贫效应分析——基于5省1218户农户的调查数据 [J]. 中国农村经济, 2017 (09): 44 – 61.

[87] 向国成, 韩绍凤. 农户兼业化: 基于分工视角的分析 [J]. 中国农村经济, 2005 (08): 4 – 9.

[88] 许恒周. 农民非农收入与农地流转关系的协整分析 [J]. 中国人口资源与环境, 2011 (06): 61 – 66.

[89] 许恒周, 石淑芹. 农民分化对农户农地流转意愿的影响研究 [J]. 中国人口·资源与环境, 2012, 22 (09): 90 – 96.

[90] 徐美银, 钱忠好. 农民认知视角下的中国农地制度变迁——基于拓扑模型的分析 [J]. 农业经济问题, 2008 (05): 61 – 68.

[91] 许经勇. 我国农村土地产权制度改革的回顾与前瞻 [J]. 经济学动态, 2008, (7): 68 – 72.

[92] 许庆, 刘进, 钱有飞. 劳动力流动、农地确权与农地流转 [J]. 农业技术经济, 2017 (05): 4 – 16.

[93] 薛凤蕊. 我国农地确权对耕地保护影响研究 [D]. 中国农业科学院, 2014.

[94] 杨钢桥,靳艳艳,杨俊.农地流转对不同类型农户农地投入行为的影响 [J].中国土地科学,2010(09):18-24.

[95] 杨晗,赵平飞.现代农业发展进程中农地使用制度的创新研究——以四川省成都市为例 [J].农村经济,2015(06):39-43.

[96] 杨宏力.土地确权的内涵、效应、羁绊与模式选择:一个综述 [J].聊城大学学报(社会科学版),2017(04):121-128.

[97] 杨永珍.新型农业经营主体发展存在问题与对策措施探讨 [J].中国农业信息,2017(07):17-19.

[98] 姚洋.中国农地制度一个分析框架 [J].中国社会科学,2000(02):54-65.

[99] 叶剑平,丰雷,蒋妍,罗伊·普罗斯特曼.2008年中国农村土地使用权调查研究——17省份调查结果及政策建议 [J].管理世界,2010(01):64-73.

[100] 易福金,陈志颖.退耕还林对非农就业的影响分析 [J].中国软科学,2006(08):31-40.

[101] 游和远.地权激励对农户农地转出的影响及农地产权改革启示 [J].中国土地科学,2014,28(07):17-23.

[102] 游和远,吴次芳,鲍海君.农地流转、非农就业与农地转出户福利——来自黔浙鲁农户的证据 [J].农业经济问题,2013(03):16-26.

[103] 游和远,吴次芳.农地流转、禀赋依赖与农村劳动力转移 [J].管理世界,2010(03):65-75.

[104] 俞海,黄季焜,张林秀.地权稳定性、土地流转与农地资源持续利用 [J].经济研究,2003(09):82-95.

[105] 于建嵘,石凤友.关于当前我国农村土地确权的几个重要问题 [J].东南学术,2012(04):4-11.

[106] 于金富.我国农业经营主体的历史演变与发展方向 [J].经

济纵横，2017（06）：82 - 87.

　　[107] 于战平. 中国农民专业合作社发展 10 年：困境与解析——基于与欧美国家比较的反思 [J]. 世界农业，2017（11）：218 - 222.

　　[108] 袁达松，郑潮龙. 我国农村土地承包经营权确权登记制度的完善 [J]. 中州学刊，2013（02）：56 - 59.

　　[109] 曾福生. 农地产权认知状况与流转行为牵扯：湘省 398 户农户样本 [J]. 改革，2012，（4）：69 - 73.

　　[110] 曾皓，张征华，宋丹. 对农村土地承包经营权确权登记颁证的思考——基于江西省的实践 [J]. 农村经济与科技，2015（01）：41 - 43，59.

　　[111] 詹和平，张林秀. 家庭保障、劳动力结构与农户土地流转 [J]. 长江流域资源与环境，2009，18（07）：658 - 663.

　　[112] 张朝华，黄扬. 家庭农场发展中若干关键问题的调查研究 [J]. 经济纵横，2017（07）：81 - 87.

　　[113] 张锋. 培育新型农业经营主体的影响因素及路径选择 [J]. 当代经济，2017（13）：20 - 21.

　　[114] 张恒. 土地流转变革的财富之手 [N]. 经济观察报，2017 - 10 - 09.

　　[115] 张红宇. 抓紧培育新型农业经营主体 [J]. 农村经营管理，2017（05）：6 - 7.

　　[116] 张家辉，刘辉. 新型农业经营主体的类型、功能定位及利益联结机制 [J]. 中国集体经济，2017（26）：43 - 45.

　　[117] 张兰，冯淑怡，曲福田. 农地流转区域差异及其成因分析——以江苏省为例 [J]. 中国土地科学，2014（05）：73 - 80.

　　[118] 张丽萍，张镱锂，阎建忠等. 青藏高原东部山地农牧区生计与耕地利用模式 [J]. 地理学报，2008，63（04）：377 - 385.

　　[119] 张沁岚，杨炳成，文晓巍. 土地股份合作制背景下推进承包

经营权确权的农户意愿、难点与对策——以广东省为例 [J]. 农业经济问题, 2014 (10): 81-88.

[120] 张晓山. 关于农村土地承包经营权确权登记颁证的几个问题 [J]. 上海国土资源, 2015 (04): 1-4.

[121] 张雄. 经济学为理性主义传统站好最后一班岗——一个跨世纪方法论置换问题的思考 [J]. 社会科学, 1995 (11): 68-72.

[122] 张义珍. 我国农业经营主体的现状与发展趋势 [J]. 新疆农垦经济, 1998 (05): 7-9.

[123] 钟真. 改革开放以来中国新型农业经营主体: 成长、演化与走向 [J]. 国人民大学学报, 2018 (04): 43-55.

[124] 钟甫宁, 顾和军, 纪月清. 农民角色分化与农业补贴政策的收入分配效应 [J]. 管理世界, 2008 (05): 65-71.

[125] 钟甫宁, 纪月清. 土地产权、非农就业机会与农户农业生产投资 [J]. 经济研究, 2009 (12): 43-51.

[126] 钟甫宁, 王兴稳. 现阶段农地流转市场能减轻土地细碎化程度吗? ——来自江苏兴化和黑龙江宾县的初步证据 [J]. 农业经济问题, 2010 (01): 23-32.

[127] 钟文晶, 罗必良. 禀赋效应、产权强度与农地流转抑制——基于广东省的实证分析 [J]. 农业经济问题, 2013 (03): 6-17.

[128] 钟涨宝, 汪萍. 农地流转过程中的农户行为分析 [J]. 中国农村观察, 2003 (06): 55-64.

[129] 钟真. 改革开放以来中国新型农业经营主体: 成长、演化与走向 [J]. 中国人民大学学报, 2018, 32 (04): 43-55.

[130] 周靖祥, 陆铭. 内地农村土地流转何去何从? ——重庆实践的启示 [J]. 公共管理学报, 2011, 8 (04): 85-95.

[131] 周其仁. 农地产权与征地制度——中国城市化面临的重大选择 [J]. 经济学 (季刊), 2004 (04): 193-210.

［132］周其仁. 确权不可逾越——学习《决定》的一点体会 ［J］. 经济研究, 2014 (01): 21 - 22.

［133］周志超. 新时代农业供给侧结构性改革研究——以南宁市为例 ［J］. 经济论坛, 2018 (01): 49 - 52.

［134］朱长宁, 王树进. 退耕还林对西部地区农户收入的影响分析 ［J］. 农业技术经济, 2014 (10): 58 - 66.

［135］朱建军, 胡继连. 农地流转的地权配置效应研究 ［J］. 农业技术经济, 2015 (07): 36 - 45.

［136］Adenew, B. , Abdi, F. , 2005. Land Registration in Amhara Region, Ethiopia. Securing land rights in Africa: Research Report 3. London: International Institute for Environment and Development.

［137］Angelovska, N. P. , Ackovska, M. , and Bojnec, S. , 2012. Agricultural Land Markets and Land Leasing in the Former Yugoslav Republic of Macedonia. Factor Markets Working Paper No. 11/February.

［138］Awasthi, M. K. Dynamics and resource use efficiency of agricultural land sales and rental market in India ［J］. Land Use Policy, 2012, 26 (3): 736 - 743.

［139］Barry, M. , Danso E. K. Tenure security, land registration and customary tenure in a peri-urban Accra community ［J］. Land Use Policy, 2014, 39: 358 - 365.

［140］Basu, A. K. Oligopsonistic landlord, segmented labor markets, and the persistence of tier-labor contracts ［J］. American Journal of Agricultural Economics, 2002, 84: 438 - 453.

［141］Bouquet, E. . State-Led Land Reform and Local Institutional Change: Land Titles, Land Markets and Tenure Security in Mexican Communities ［J］. World Development, 2009, 37 (8): 1390 - 1399.

［142］Brandt, L. , Huang J. K. , Li G. , et al. Land rights in China:

facts, fictions and issues [J]. China Journal, 2002, 47: 67 –97.

[143] Camille, S. M. , Alwin K. , Manfred Z. Land titling policy and soil conservation in the northern uplands of Vietnam [J]. Land Use Policy, 2010, 27 (2): 617 –627.

[144] Carter, M. R. , Olinto, P. Getting institutions " right" for whom? Credit constraints and the impact of property rights on the quantity and composition of investment [J]. American Journal of Agricultural Economics, 2003, 85 (1), 173 –186.

[145] Carter, M. R. , Yao, Y. Local versus global separability in agricultural household models: The factor price equalization effect of land transfer rights [J]. American Journal of Agricultural Economics, 2002, 84 (3): 702 –715.

[146] Chernina E. , Dower P. C. , Markevich A. Property Rights, Land Liquidity, and Internal Migration [J]. The Journal of Development Economics, 2014, (110): 191 –215.

[147] Cioloş D. Foreword by the European Commissioner for Agriculture and Rural Development [J]. European Structural & Investment Funds Journal, 2014: 6 –16.

[148] Deininger, K. , and Feder, G. Securing Property Rights in Transition: Lessons from Implementation of China's Rural Land Contracting Law [J]. Journal of Economic Behavior & Organization, 2009, 70 (1 –2): 22 –38.

[149] Deininger, K. , D. A. Ali, and T. Alemu, Impacts of Land Certification on Tenure Security, Investment, and Land Market Participation: Evidence from Ethiopia [J]. Land Economics, 2011, 87 (02): 312 –334.

[150] Deininger, K. Land Markets in Developing and Transition Economics: Impact of Liberalization and Implications for Future Reform [J].

American Journal of Agricultural Economics, 2003, 85 (01): 1217 – 1222.

[151] Feng, S. Y. , Nico Heerink. Land rental market, off-farm employment and agricultural production in Southeast China [J]. China Economic Review, 2010, 21 (04): 598 – 606.

[152] Fort, R. The homogenization effect of land titling on investment incentives: evidence from Peru [J]. NJAS-Wageningen Journal of Life Sciences, 2008, 55 (04): 325 – 343.

[153] Hare, D. The origins and influence of land property rights in Vietnam [J]. Development Policy Review, 2013, 26 (03): 339 – 363.

[154] Heckman, J. Sample Selection Bias as a Specification Error [J]. Econometrica, 1979, 47: 153 – 161.

[155] Heinrich J. Evaluating the Effects of farm programmers: Results from Propensity Score Matching [J]. European Review of Agricultural Economics, 2009, 36 (01): 79 – 101.

[156] Holden, S. T. , Otsuka, K. The roles of land tenure reforms and land markets in the context of population growth and land use intensification in Africa [J]. Food Policy, 2014, 48: 88 – 97.

[157] Holden, S. T. , K. Deininger, and H. Ghebru. Tenure Insecurity, Gender, Low-cost Land Certification and Land Rental Market Participation in Ethiopia [J]. The Journal of Development Studies, 2011, 47 (01): 31 – 47.

[158] Hundie, B. Explaining Changes of Property Rights among Afar Pastoralists, Ethiopia [J]. Institutional Change in Agriculture and Natural Resources, 2008, 14 (07): 26 – 48.

[159] Ji C. Chinese Family Farm and Its' Organizational Advantages in the Field of Modern Agriculture——Based on the Empirical Investigation of Family Farms in the Y City, Henan Province [J]. Economy & Management,

2016 (03): 57 - 65.

[160] Jin, S. Q. , Deininger, K. Land rental markets in the process of rural structural transformation: Productivity and equity impacts from China [J]. Journal of Comparative Economics, 2009, 37 (4): 629 - 646.

[161] Joshua, M. D. , Eleeonora, M. Price repression in the Slovak agricultural land market [J]. Land Use Policy, 2004, 21 (01): 59 - 69.

[162] Kalat P, Duniya, Sanni A. Family farming and its influence on household poverty: A case study of northern Nigeria [C]. Tropentag Conference on International Research on Food Security, Natural Resource Management and Rural Development Organised by the Humboldt-Universität Zu Berlin and the Leibniz Centre for Agricultural Landscap. 2015

[163] Lerman, Z. , Natalya S. Land policies and agricultural land markets in Russia [J]. Land Use Policy, 2007, 24 (01): 14 - 23.

[164] Lynch L, Gray W, Geoghegab J. Are Farmland Preservation Program Easement Restrictions Capitalized into Farmland Prices? What can a propensity score matching analysis tell us? [J]. Review of Agricultural Economics, 2007, 29 (03): 502 - 509.

[165] Medina G, Almeida C, Novaes E, et al. Development Conditions for Family Farming: Lessons From Brazil [J]. World Development, 2015, 74: 386 - 396.

[166] Mintewab, B. , Gunnar, K. , Andrea, M. , 2011. Trust, tenure insecurity, and land certification in rural Ethiopia [J]. The Journal of Socio-Economics, 40 (06): 833 - 843.

[167] Place, F. Land tenure and agricultural productivity in Africa: A comparative analysis of the Economics literature and recent policy strategies and reforms [J]. World Development, 2009, 37 (08): 78 - 89.

[168] Rahman, S. Determinants of agricultural land rental market trans-

actions in Bangladesh [J]. Land Use policy, 2010, 27 (03): 957 - 964.

[169] Robert A. Hoppe: Structure and Finances of U. S. Farms: Family Farm Report (2014Edition), USDA's Economic Research Service, Economic Information Bulletin Number132, December 2014: 1 - 43.

[170] Sitko N. J. , Chamberlin, J. , and Hichaambwa. Does Smallholder Land Titling Facilitate Agricultural Growth?: An Analysis of the Determinants and Effects of Smallholder Land Titling in Zambia [J]. World Development, 2014, 64 (01): 791 - 802.

[171] Sklenicka P. , Salek V. J. , Molnarova K. The Farmland Rental Paradox: Extreme Land Ownership Fragmentation as a New Form of Land Degradation [J]. Land Use Policy, 2014, 38 (02): 587 - 593.

[172] Stephen, R. B. , Bradford. B. , Carter, M. R. The impact of "Market-Friendly" reforms on credit and land markets in Honduras and Niearagua [J]. World Development, 2005, 33 (01): 107 - 128.

[173] Swinnen, J. , Vranken, L. , 2005. The development of rural land markets in transition countries. ECSSD Report, The World Bank, Washington, DC.

[174] Uchida E, Xu J, Rozelle S. Grain for Green: Cost-effectiveness and Sustainability of China's Conservation Set-aside Program [J]. Land Economics, 2005, 81 (02): 247 - 264.

[175] Yami, M. , and K. A. Snyder. After All, Land Belongs to the State: Examining the Benefits of Land Registration for Smallholders in Ethiopia [J]. Land Degradation and Development, 2016, 3 (27): 465 - 478.